永中记忆

杜福栋 主编

中国华侨出版社
· 北京 ·

图书在版编目（CIP）数据

永中记忆 / 杜福栋主编. —北京: 中国华侨出版社, 2020.8
ISBN 978-7-5113-8249-8

Ⅰ.①永… Ⅱ.①杜… Ⅲ.①北京市通州区永乐店中学－校友－回忆录 Ⅳ.①G639.281

中国版本图书馆CIP数据核字(2020)第123616号

永中记忆

主　　编/ 杜福栋
责任编辑/ 黄　威
责任校对/ 孙　丽
封面设计/ 盟诺文化
经　　销/ 新华书店
开　　本/ 170毫米×240毫米　1/16　印张/13.5　字数/180千字
印　　刷/ 北京圣艺佳彩色印刷有限责任公司
版　　次/ 2020年8月第1版　2020年8月第1次印刷
书　　号/ ISBN 978-7-5113-8249-8
定　　价/ 48.00元

中国华侨出版社　北京市朝阳区西坝河东里 77 号楼底商 5 号　邮编：100028
法律顾问：陈鹰律师事务所
编辑部：（010）64443056　　传真：（010）64439708
发行部：（010）88189192
网址：www.oveaschin.com　　E-mail：oveaschin@sina.com

如发现印装质量问题，影响阅读，请与印刷厂联系调换

编 委 会

历任书记、校长

姓名	职务	任期（年）
刘振东	校长	1952—1957

姓名	职务	任期（年）
张云梦	书记	1954—1957

姓名	职务	任期（年）
孙自凯	书记	1957—1968

姓名	职务	任期（年）
袁慎之	校长	1958—1962

姓名　　　**职务**　　　**任期（年）**

刘守义　　　校长　　　1969—1971

姓名　　　**职务**　　　**任期（年）**

杨德斌　　　校长　　　1971—1973

姓名　　　**职务**　　　**任期（年）**

王振东　　　校长　　　1973—1977

姓名　　　**职务**　　　**任期（年）**

高凤龄　　　书记　　　1977—1989

姓名	职务	任期（年）
姚振义	校长	1982—1984

姓名	职务	任期（年）
邢凤智	校长	1984—1985

姓名	职务	任期（年）
宋学诗	书记	1985—1996

姓名	职务	任期（年）
邓朝明	校长	1989—1994

姓名	职务	任期（年）
王子亮	校长	1994—2010

姓名	职务	任期（年）
姜兆海	校长	2010—2018

姓名	职务	任期（年）
杜福栋	校长	2018.1 至今

书记寄语

　　永中作为中华人民共和国成立后北京通县（现为通州区）成立的第一所农村中学，在近70年的发展历程中，凝聚成了"师者勤勉奉献、学子勤奋好学"的办学之风，为国家培养了大批建设人才，可谓根深叶茂，桃李飘香。而今，在新时代的发展进程中，她更是扎根沃土、花繁叶茂，成为北京城市副中心的教育之翼。愿永乐店中学在未来发展中秉持立德树人的理念，不断深化教育改革，在副中心的千里沃野中愈加层林叠翠，栋梁辈出。

高凤岭

2020 年 6 月 4 日

校长寄语

永中是北京东南郊贫瘠土地上的一颗明珠。

我的中学时代是在永中度过的，又在永中工作30年，永中是我人生的重要组成部分。

永中有曾经对我谆谆教导、诲人不倦，成为良师益友的恩师；有带领永中不断前行，培养我进步的领导；有和我一样，当年怀着太多人生梦想的同窗好友；有和我风雨同舟，呕心沥血，共同砥砺奋进的同仁；更有令永中引以为荣的众多学子。

永中有着永远不甘人后、永不言败、奋发向上的精神，凭借着这种精神，一代代永中人顽强拼搏，不断进取，不断谱写通州教育的新篇章。

永中永远是学生成长的沃土、成才的摇篮。

祝愿永中桃李芬芳，永远辉煌，永远充满生机！

2020 年 6 月 4 日

校长寄语

  永中成立于1952年10月6日，是中华人民共和国在通县农村大地上建成的第一所完全中学。建校68年以来，它为通州区社会经济发展做出了巨大的贡献。它在通州百姓心中声誉高、口碑响。作为永中人，我深深地祝福它，愿它勇立潮头，不断谱写光辉灿烂的新篇章。

2020 年 6 月 6 日

永中岁月，记忆犹新

　　永乐店中学建校于1952年，1958年学校建立高中部，成为完全中学，1978年成为通州区重点中学，2005年12月被北京市教委认定为"示范性普通高中校"。半个多世纪风雨兼程，几代永中人逐梦前行，铸就了"艰苦奋斗，自强不息，开拓创新，不甘人后"的永中精神；确立了"办负责任的教育：对国家和社会负责，对全体学生负责，对学生的全面发展负责，对每一名学生的终身负责，用三年的时间打造学生一生的基础"的办学理念；提出了"培养有责任、敢担当的社会主义建设者和接班人，培育对自己负责、对家庭负责、对事业负责、对国家和社会负责的优秀公民"的育人目标；构建了以"责任教育"为核心理念的学校课程体系；营造了良好的育人环境；为国家培养了一批又一批社会主义建设者，教师队伍中也走出了名校长、名教师……可谓是玉树满庭、桃李芬芳。

　　永乐店中学有着六十八载厚重而辉煌的校史，有着让万千学子心向往之的精神与文化，为通州区教育作出了不可磨灭的贡献，已成为通州区乃至北京市的品牌学校。可是因为历史变革和校址迁移等种种原因，永中校内现存的历史资料非常少。因此，永中校史文化重建已成为迫在眉睫之事。2018年9月，学校正式启动永中校史长廊和永中博物馆建设工作。2019年年初，成立"永中校史研究"课题组，课题组成员通过采访退休领导、老师和毕业校友，并整理和编辑他们口述的在校经历和故事，来记录永中历史，用真实的回忆和点滴的故事，让永中的历史越来越清晰，为后人留下一笔珍贵的精神财富。目前，永中校史长廊、永中博物馆正在筹备之中，永中校史重建的前期准备工作已基本完成。

永乐店中学历经六十八载，誉满通州。她波澜壮阔的历程中，饱含着半个多世纪的风雨艰辛；她书香四溢的校园里，流传着无数园丁的动人故事；她沧桑厚重的历史中，蕴藏着万千学子的芬芳记忆。那些牵动着我们记忆的老照片、老槐树、老校园正在历史的车轮中渐行渐远，甚至即将永远消失；在历史的发展中曾赋予我们巨大动力和无限鼓舞的永中精神，需要我们薪火相传，发扬光大。

我是永中八零届高中毕业生，从毕业到现在，离开母校已经整整四十年了。当看到《永中记忆》的成书小样时，我激动的心情难以言表。《永中记忆》把我又一次带回到四十年前的母校，让我回想起了生命中那段最美好的青春年华。永中是我人生的出发点，是我成长的动力源，为我打下了这一生最初的精神底色，我的身上永远镌刻着永中留下的精神烙印。永中是我永远依恋的母校，是我魂牵梦萦的故园，也是我精神停泊的港湾。虽说离开母校已经四十年，但我的心却一直从未走远。永中岁月，记忆犹新；青春年华，美丽依旧。岁月能够改变人世间的一切，而记忆却可以重现生命中的美好。永中六十八载的岁月里有着太多令人难以忘怀的记忆：追忆往昔，峥嵘岁月中一代代学校管理者把对党的忠诚化作一腔热忱，引领永中教育走向胜利；一批批教师扎根农村，胸怀教育，把服务学生的责任意识贯穿教育始终；一届届学子潜心读书，吃苦耐劳，把拼搏进取的精神品质带到祖国建设的四面八方。沿着时光的隧道，我们可以清晰地看到：1964 年，孙自凯校长作为北京市先进集体的代表在人民大会堂上传经授验；20 世纪 90 年代，来自多个地区和多个民族的教师以校为家，全心付出，为学校的发展注入新的生机；2005 年，永中师生为"示范性普通高中校"的挂牌而欢呼雀跃；2014年，新校区落成，校容校貌地覆天翻，永中教育开启了新的征程……记忆里的永中浸润着暖暖的温情，流淌着满满的爱意，凝聚着坚毅与顽强，折射着光芒与力量。

永中半个多世纪的历史征程，永中深厚的文化积淀，永中永不褪色的精神内核，不只镌刻在那些写满岁月沧桑的老物件上，不只留存于那些因时光久远而模糊泛黄的老照片上，更多的是尘封在一代代永中人的记忆深处，流淌在一代代永中人的真实生活里。这才是最为鲜活，最具生命力的校史，才能真正地令人回味，令人感动。编写《永中记忆》是永中校史研究工作的重要组成部分，《永中记忆》的出版发行本身就是在书写永中历史，传播永中文化，凝聚永中精神。我想这就是学校编写《永中记忆》的初衷，也是《永中记忆》这本书最大的价值所在吧。《永中记忆》以生动自然的语言讲述永中的故事，以真实细腻的笔触回顾永中的历史。《永中记忆》中的这些故事，有的回荡着学子们在校生活时的笑语欢言，有的浮现着老师们在校工作时的美好片段，有的记录着读书时令人难忘的感人瞬间，有的倾诉着毕业后对母校的满腔眷恋……在《永中记忆》里，一个个老师的名字被再次提及，他们把青春与热血奉献给了永中，奉献给了学生；在《永中记忆》里，一个个学生的名字被再次说起，他们在这里寻梦前行，美梦成真；在《永中记忆》里，你能回想起学校初建时那段艰苦卓绝、战天斗地的岁月；在《永中记忆》里，你能感受到新时期永中虽历经蹉跎却初心不改、历久弥坚的本色。《永中记忆》见证一代代永中人跋涉的足迹。《永中记忆》书写 代代永中人不朽的传奇。《永中记忆》饱含一代代永中人不变的情怀。《永中记忆》承载一代代永中人永远的希冀。

《永中记忆》中收录的这些故事，有些是学校五十华诞、六十华诞老校友们感怀母校而表达的深情厚谊，有些是历届学子毕业后回忆在校生活、怀念师生情谊而抒发的真情实感，有些是在永中工作过的老师抚今追昔而生发的由衷感喟，还有一些是校史课题组老师们通过采访老校友们而编辑整理的感人事迹。一代人生活的点滴，几代人共同的记忆。昨天的故事已成为今天的记忆，今天的生活也将成为明天的记忆。俄国诗人普希金说："一切都是瞬息，一切都将过去，而那些过去了的就会成为亲切的回忆。"流年似水，往事如歌！风雨与阳光，悲伤与渴望，明天与过往，诗意与远方。六十多年，永中的精神一脉承传，永中的记忆弦歌不断。老一代的永中人会在《永中记忆》里重温往日的旧梦，找寻自己的身影，感慨青春这本书太过匆匆；新一代的永中人将被《永中记忆》里的人和事所感动，从中汲取精神与力量，让青春的芳华尽情绽放。《永中记忆》追问着"永中从何处来、往何处去"的答案，《永中记忆》找寻着永中一路走来的足迹，《永中记忆》指引着永中走向更加灿烂辉煌的明天！

在《永中记忆》即将付梓之际，我代表所有的永中学子，代表所有感念永中、热爱永中的人们，向为本书的编写呕心沥血、忘我付出的领导及全体课题组成员致以崇高的敬意；向所有在本书的编写过程中做出贡献的校友们、老师们、学生们表示衷心的感谢；向所有关心和支持永乐店中学发展的各位领导、各界同仁送上最诚挚的祝福！最后祝愿我们的永中继往开来，精神永存；祝福我们的永中历久弥香，花开不败！

张绍武

2020 年 5 月

弦歌不辍，薪火相传

接到永中带着温度的书稿《永中记忆》，倍感亲切。透过这些质朴厚重的文字，永乐店中学深厚的历史与文化积淀、永葆活力的精神内涵，在书中一一向我们娓娓道来：或平实自然，或激情洋溢，或款款深情，或深深眷念。正是这一个个鲜活的记忆，引领我们去聆听岁月、感念现在。

《永中记忆》向我们讲述了永中历史。永乐店中学是一所有着68年历史的老校。1952年，在党和国家的领导下，第一代永中人在一片低洼的盐碱地，白手起家，因陋就简，克服重重困难，建成了通州历史上的第一所农村中学。到1958年成为完全中学，并在1961年到1965年期间，高考升学率在全市名列前茅，涌现出了如秦皇岛市原数学学会会长李浩，原北京教育行政学院教授孟广恒，《中小学管理》杂志社原社长兼总编辑张瑞玲等一大批名师。1964年，时任党支部书记孙自凯代表学校在人民大会堂高教会上发言，介绍了学校师生艰苦奋斗、创造辉煌的事迹。

风雨沧桑，物换星移。在"文革"中永中也曾遭受严重的破坏，拨乱反正后，永中焕发出新的生机：1978年被确定为通县重点中学，2005年12月被北京市教委认定为"示范性普通高中校"。2014年10月，永中搬入了现代化设施齐备、高标准建设、舒适度高、环保节能的新校区。

永中的历史并没有随着校址新迁而湮灭沉寂，这是一所有着优良文化传统和深厚底蕴的学校。在如何很好地继承和弘扬传统文化方面，习近平总书记曾指出："要讲清楚优秀传统文化的历史渊源、发展脉络、基本走向，讲清楚文化的独特创造、价值理念、鲜明特色，增强文化自信和价值观自信。"为了留住永中的历史，让更多的人了解永中、热爱永中，永乐店中学做了大量修复性、抢救性的工作：征集老物件、筹建校史馆和博物馆、绘制不同时期的校园平面图、构建不同年代的校园建筑模型、组织老校友返校座谈、撰写回忆录……并得到社会各界及永中校友的鼎力支持、大力相助，那些尘封的、残缺的历史才变得生动和完整。校友们回忆了数年来与永中结下的缘分，用心书写，汇成了我们今天的《永中记忆》这本书。

村上春树说：文明就是传达。需要表达、传达之事一旦失去，文明即寿终正寝。挖掘历史、记录历史，传达永中文明是永中人的责任。今天，《永中记忆》的书写者既有耄耋之年的垂暮老人，也有意气风发的天之骄子和成熟稳重的中年人；既有各行各业的劳动者、建设者，也有仍然奋战在永中教书育人的一线教育工作者。他们的年龄、职业涵盖了各个阶段、各个层面。《永中记忆》的各篇文章，有对青葱岁月的美好回忆，有对同窗情谊的无限留念，有对谆谆教诲恩师的念念不忘，有对燃情岁月的感喟追忆，有对个人生活的点滴记录……《永中记忆》处处凝聚着正能量，并充满着苦中作乐、勇于拼搏、积极进取的奋斗精神。在本书中，各个时代、各种年龄的永中人都能找到自己当年的影子，通过阅读此书还可以达到回忆历史、整理记忆，汲取力量，催人奋进的目的。感谢为本书写作的人，他们既是历史的创造者，也是历史的见证者，还是历史的书写者。这是一笔宝贵的精神财富，是广大师生传承永中文化、践行社会主义核心价值观的生动校本教材。

《永中记忆》向我们讲述了永中成就。建校时第一代永中人怀着朴素的教育情怀，他们用自己的双手建造校舍、平整操场，就为了建成一所能够让家乡父老乡亲的孩子接受教育的学校。在后来的发展中，永中人克服了地处偏远、交通不便、物质匮乏、硬件设备落后、生源水平参差不齐、师资力量薄弱等诸多困难，披荆斩棘、砥砺奋进，创造了一个又一个的佳绩，向党和政府交出一份又一份满意的答卷。建校以来，永乐店中学先后为国家培养了4万多名毕业生，其中不乏文化名人、将军、企业家、高级讲师、科研能手等。永中学子在各条战线、各个领域、各个行业，发挥了巨大的作用，早已是桃李芬芳遍天下。《永中记忆》撷取了部分永中学子及教师的故事，展示了永中人的出色与担当、坚韧与奉献、顽强与执着。这里面有"建国六十周年创新人物""共和国功勋人物""中泰友好形象大使""2011年全国劳动模范"等数枚勋章获得者，1964届校友李荣标；曾在永中任教12年，原全国历史教学研究会秘书长、北京市历史教学研究会会长、历史特级教师孟广桓；首届高中校友、北大学子王葆卓；2005届通州区理科高考状元、清华学子张文言；"北京市十佳中学生"获得者刘佳；甘将青春挥洒新疆、热血报效祖国的刘桂芝；默默耕耘、踏实肯干的首批外地教师火照义……

《永中记忆》向我们讲述了永中精神。建校迄今，一代代永中人团结奋斗、顽强拼搏、呕心沥血，凝聚成了"艰苦奋斗，自强不息，开拓创新，不甘人后"的永中精神，形成了"办负责任的教育"的办学理念，即对国家和社会负责，对全体学生负责，对学生的全面发展负责，对每一名学生的终身负责，用三年时间打造学生一生的基础。永中的精神内涵，永中的办学理念是永中优秀传统文化的"根"与"魂"。一个国家和民族如果丧失了根脉、丢掉了灵魂，就无法在世界上立足，更何谈成长与壮大。永中半个多世纪的办学历史，是一笔巨大的教育资源；永中半个多世纪的文化积淀，是一笔丰厚的精神财富；永中半个多世纪的历史与精神，是永中的"根"与"魂"。无论是艰苦卓绝的创业期、还是熠熠闪光的辉煌期，抑或艰难突围的瓶颈期，永中的"根"与"魂"伴随着历代永中人走过一段段不平凡的奋斗历程。

时光荏苒，岁月如歌。流走的是时间，带不走的是记忆。一枝一叶总关情，一物一楼牵人心。翻开《永中记忆》，那些葱茏茂密、见证历史变迁的老槐树，那些发黄的老照片或是年久失修的老物件，那些略显简陋的操场和历经风雨侵蚀留下斑驳印记的教学楼，它们在静静地诉说永中的历史……那些流淌在历史长河中的记忆，那些根植在永中人血液中的精神，一点一滴浮现在我们的脑海里。

弦歌不辍，薪火相传。翻开《永中记忆》，让我们领略永中六十八年的风雨兼程，六十八年的桃李芬芳，六十八年耕耘硕果累累。《永中记忆》是一部永中人筚路蓝缕、艰苦奋斗的记忆；《永中记忆》是一部永中人不甘人后、努力求索的记忆；《永中记忆》是一部永中人励精图治、披荆斩棘的记忆；《永中记忆》是一部永中人自强不息、开拓创新的记忆。

最后，祝永中发扬优良传统，与时俱进、锐意进取，积历史之厚蕴，育时代之英才，更铸辉煌，再谱华章！

谨序。

刘青松

2020 年 7 月

目　录

永乐店中学历史变迁

　　永乐店中学建于1952年，是通州历史上第一所农村中学。学校位于通州城南30公里，是在永乐店镇一个废弃的酒作坊基础上建立起来的。当年暑季招收学生200人，编为四个教学班，教师19人，名为河北通县永乐店中学。1953年在校舍以北置地30余亩，开辟了新校园（即永中北校）。永中的第一任校长是刘振东。1954年建党支部，张云梦任书记，周恩勇任教导主任。1955年后增加到12个教学班，从1958年开始招收高中学生62人（开设两个班），从此永中成为一所完全中学。

　　1959年，学校进一步发展，全校师生员工一起动手，自行设计施工，在北校建起了一座两层高的办公楼和部分教室，在南校建起了一座礼堂。当时学校还有劳动基地50亩，年产稻谷15 000多斤。当时袁慎之任校长，杨德斌任教导主任。1960年招收了4个农中班，同年迁出，与管

庄农校合并。1965年招收了一个师范班，后因"文革"而未毕业。1966年高中停止招生，学校处于混乱状态。1971年春恢复春季招生，学制两年，当年招4个班，从此永中又办起了高中。

"文革"后，永中逐渐恢复生机，1978年被定为通县重点中学。1986年后，市、区先后投资对永乐店中学进行改造，重修了办公楼，新建了初中和高中教学楼、综合实验楼、学生宿舍楼、教师家属楼等，并扩建了操场。校园面积达106 200平方米，建筑面积19 000多平方米。1994年7月，草场中学并入永乐店中学，使学校的办学规模进一步扩大。当时初、高中教学班达到了46个（初中28个，高中18个），教职工224人，学

生2100余人（其中住宿生800余人）。

2002年永中建校50周年之际，当时的全国人大常委会副委员长、民革中央副主席何鲁丽为永中题词"艰苦奋斗、自强不息、开拓创新、不甘人后"。2005年12月，永中被北京市教委正式认定为"北京市示范性普通高中校"。

2012年，在校庆60周年庆祝大会上，市、区领导为新校区建设奠基。2013年4月开工，2014年8月竣工，2014年10月永中师生兴高采烈告别老校区，搬入了环境优美、现代化气息浓烈的新校区。新校区面积为13万平方米，建筑面积为7.8万平方米。设计规模为84个教学班，可容纳初、高中学生3780人。新校区的建成极大地改变了永中的办学条件，对通州区基础教育的均衡发展具有重要的现实意义和深远的历史意义。

艰苦奋斗、自强不息，是永乐店中学的魂。永乐店中学是在物质条件极端匮乏的基础上诞生和成长起来的，她天生就有一种不怕吃苦、不怕苦难的精神。建校初期的领导是从其他行业调来的，教师主要来源于周边小学和部分新毕业的师范生，1958年以后才陆续有大学毕业生来校

任教，他们深知翻身解放后的广大农民子弟急需要科学文化知识。在当时非常艰苦的条件下，他们以满腔的热情投入工作，认真贯彻党的教育方针，忠诚党的教育事业，认真备课、讲课，耐心辅导学生，和广大学生同吃、同住、同甘共苦。

当时的老师全天候地陪伴着学生，他们白天上课，晚上陪学生上晚自习，熄灯后还要在学生宿舍外巡视。早上准时叫学生起床，带学生到操场跑步。当时的学生大多来自通县的农村，家境一般都较贫困。离家较远的有西集、马驹桥、宋庄的学生。他们没有自行车，到哪儿去都得靠两条腿走，平时回趟家有的得走四五个小时，这在当时是极其平常的事。

在1960—1962年的经济困难时期，老师和学生的生活都非常困难，那时住宿生每月的伙食费是7.5元，能吃顿饱饭都是一种奢望，多数学生都处在半饥半饱的状态。即使这样也还有近一半的学生吃不起食堂，他们每天吃的都是从家里带来的窝头、白萝卜干、菜团子和老咸菜。学生宿舍是大连铺，上面铺着稻草垫子，十几个人挤在一间房里。

那时候生活条件是艰苦的，但师生的精神状态特别好，校园里时时传出歌声阵阵、笑语声声，处处洋溢着团结友爱和互助互学的氛围。课余时间，老师们总是走在学生中间，与学生谈理想，谈未来，随时解答学生的问题。师生每天都要收听《新闻和报纸摘要》节目，每当《歌唱祖国》歌声响起，大家都会肃立聆听。清晨，操场上、甬路边、树荫下到处是学生晨读的身影；晚上，校园里一片寂静，教室里灯火通明。学生的晚自习一般要上到九点半，不少学生回到宿舍还要在烛头下苦读。

1960—1965年，永中的升学率一直名列全市中上游，涌现出李浩、赵兴、张瑞玲、孟广恒、周锦鑫、马守柱、马占凤、刘肃非、王贺臣等

一大批名师。1964年高考，永中92名学生中有74名考上了大学，升学率超过80%，这一成绩在当时简直是不可思议的，轰动了北京城。同年9月，学校党支部书记孙自凯作为北京市先进集体的代表在人民大会堂发言，介绍永中艰苦奋斗、创造辉煌的事迹。

十分不幸的是，十年"文革"期间，永中的教学秩序遭到了严重的破坏。学校被迫停课"闹革命"。好端端的一个学校处于一种严重的混乱状态，那是永中的一场浩劫，是永中之痛、永中之羞。

改革开放后，永中逐渐恢复了生机，教育教学质量逐年提高，学校连续12年被当地教委评为"中考成绩优秀校"，连续十年被评为"全面育人，办有特色"校，高考成绩一直稳居全区第三。特别是自1999年以来，永中迎来了又一个春天，中高考成绩一路攀升。

2010届本科上线率达到了88.7%，到2016届本科上线率达到了94%，实现了历史性突破，令人刮目相看。近几年来，学校先后有五名学生考上了北大、清华。2008年，学生张文言以全区理科第一的成绩考上了清华大学。

随着教育事业的蓬勃发展，近20年来，永中的教师队伍不断扩大，结构愈加合理，水平逐渐提高。学校先后从全国各地招聘了一批又一批青年教师，他们来自国内16个省（包括自治区、直辖市），40岁以下的教师占80%，5年以上教龄的占90%以上。多地区、多民族文化相融合的教师队伍，形成了永中兼容并蓄、和谐共生的文化特色。这些教师文化水平高、敬业精神强，且年富力强，为永中的不断发展提供了强大的动力。永中现有53个教学班，学生2100多人（初中500多人，高中1600多人），80%来自农村，住宿生2000余人，成了通州区规模最大的一所农村完全中学。

经过68年的历练和洗礼，永乐店中学已走向了新的辉煌。我们相

信：永中一定会继承传统、不忘初心、砥砺前行。通州区这颗农村教育的明珠一定会更加璀璨，更加光彩照人。

　　王文亮：1968—1972年就读于永中，1987—2013年任职于永乐店中学，曾任永乐店中学副校长。

永中赋

永中今日，草木菁华，灼灼满目；名师鸿儒，龙驹凤雏，济济一堂。蜚声杏坛，身列示范校；比肩红楼，名重运河畔。想我母校，肇基于新中国之初，植根于京郊沃土，坛台筑而文理兴，教育施而英杰备。钟灵毓秀，栉风沐雨，每逢机遇愈加气宇轩昂、丰神俊逸；革故鼎新，披肝沥胆，历经坎坷愈发披坚执锐、璀璨瑰丽。六十余年筚路蓝缕、薪火相传，积淀"勤奋创新"文化底蕴，弥久愈馨、熠熠生辉、芬芳乡里；一甲子辛勤耕耘、涵养化育，铸就"仁爱诚信"精神特质，桃李成荫、英才辈出、兼济天下。

饮水思源，溯本追远。人，其母生而师教之；师，恩如山而过天地。身为农门子弟，懵懂入学，遇我师长，惠我实深，育我实多。三尺讲台，一藤教鞭，寒暑相伴，晨昏不离。千方传道，万分解惑，日月耕耘，聪讷不弃。而今我师，龙马精神者有之，老骥伏枥者有之，病榻缠绵者有之，作古离世者有之。"春蚕到死丝方尽，蜡炬成灰泪始干"，铭刻的是最忠诚的信仰；"沉舟侧畔千帆过，病树前头万木春"，沉淀的是最无私的寄托；"乘风破浪会有时，直挂云帆济沧海"，承载的是最高尚的凝望。高山仰止，景行行止。他们播撒"真"的种子，他们化身"善"的信使，他们坚挺永中跨越腾飞的脊梁。

桃李不言，下自成蹊。永中几代后生，芝兰盈阶、玉树满庭，竞秀生香、风采各呈。或为政从文、或为贾从戎，或为人师表、或农耕有名。蛇化为龙，不变其文；家化为国，不变其姓。扬帆于兹，念兹在兹；发轫于此，感此怀此。天涯海角，翱翔万里，心心相系，同系永中。

唯是求木之长，必固其根；欲流之远，必浚其源。教育兴国，本之大计。新校即建，当推校园之首，竿头新程。愿母校云起龙骧，龙骧虎步，发六十春秋厚积之力，借大庆盛典隆重之势，扬勤奋创新精神，勇立时代潮头，引领社会进步，枝繁叶茂，荫被千秋。

李玉君：永乐店中学校友，永中名誉校长，现任北京市通州区人大常委会党组书记、主任。

此文系李玉君同志为《永中一甲子》所做之序。

那些在永中的日子

1952年8月底的通州南郊，一片片水塘波光粼粼，戴草帽的农人在棒子地里弯着腰除草，农家院落里的驴突然一阵"嗯昂嗯昂"……

赵琦老师和爱人童大年老师坐在烧劈柴的蒸汽敞篷车上颠簸着，正赶往河北通县刚刚建好的永乐店中学。她夫妻俩家住北京市西城区新文化街，刚刚接到上级的调派令。

几个小时后，两位老师拎着铺盖卷，风尘仆仆，终于来到了永乐店中学校门口。往里一望，只见校园里靠北一排四间教室刚刚盖好，院子中央一口水井，厢房另一侧有几间破旧的房屋。迎面走来一位老师，笑盈盈地迎上来。

她俩刚放下铺盖卷，学校的领导马上安排了一天的工作任务。天擦黑的时候，吃过了窝头咸菜，学校才安排她和爱人临时住进一间工人的厢房里。

初秋的风哗哗地拂过槐树梢，不远处不知谁家的院门被"吱呀"声推开了，传来一阵狗吠声，赵老师不禁一阵寒噤。虽说天不冷，但这农村夜里的漆黑和陌生着实让她有点害怕。她和爱人抱着铺盖卷小心翼翼地推了一下那间屋的门，"咣当"一声，门开了，门框和房梁上面的灰尘和草渣子落了他们俩一头一脸，一只大耗子突然从屋子里窜出来，

吓得赵老师"啊"的一声，抓紧了门框。

屋里除了北面一溜大连铺外，无任何东西。大连铺就是床腿用土墩子一行一行砌成，铺上板子，人可以并排睡在上面的一种床铺。往往农民为了节省空间，一般会把床铺从西墙根一直砌到东墙根。赵老师一看，这大连铺上的铺板没有一块是完整无损的，她俩就只能把房门卸下来临时当了铺板，这才将就着睡下。

永乐店中学如此艰苦的办学条件，是赵琦老师没有预料到的。生活封闭，工作条件艰苦，工作任务繁重，很多时候她很难排遣心里的烦怨之情，还好身边有丈夫陪着，每日有许多事情要做，日子一天天过去，工作一点点干起来，不知何时开始她竟也在这学校的小院里慢慢平静下来了。

当时学校的办学经费极其有限，在任的刘振东校长想尽一切办法节省开支。一天，他说："虽说我们学校小，刚建校，只有初一年级四个班，但是学校也得想办法买个铜钟，不如你们家住北京的老师，周末回家顺便给买个铜钟带回来，这样专程跑一趟京城的路费就可以省下了。"

因为赵琦老师夫妇家住北京城，这个重任自然就交给他们了。赵琦老师已有孕在身，周末回家，童老师自己转了北京的杂货市场。他是个精细的人，转了好几条街，有的铜钟太大，有的太小，有的又不能挂，有的声音不够脆亮，最后终于在一家店里看上一个颜色和样式都合适的，店主人也是个和气的人，还给便宜了点钱，他就赶紧买下来。抱着铜钟回家的路上，他还时不时打开再看看钟的颜色正不正，轻轻敲一敲，听听声音，心里一阵阵地喜起来，想象着这钟要是挂在学校办公室旁边的槐树上，一敲起来声音得多好听，学校得多神气呀！师生们保准围过来夸赞这钟好，夸赞他的眼光好。

到了周日，赵琦老师和爱人要返回学校，她俩很早就从家赶到珠市口坐车。那时，每天从北京发往永乐店的只有一趟烧劈柴的蒸汽敞篷

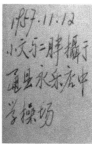

车。路上，敞篷车摇晃着，童老师一只手紧紧抓着车边，另一只手一直小心翼翼地抱着那个铜钟，以致忘了照顾身边有身孕的妻子。多年后，赵琦老师一提起当年在车上的情景，心里依旧觉得委屈。

这口钟挂在学校里，每当钟声响起，老师和学生们有序进入教室，一切仿佛更神圣和有仪式感了。钟声传得很远，时常混杂在村子里赶马车的吆喝声、卖杂货的叫卖声中，远庄近村都听得见。每听到钟声"当……当……"地响起来，老乡们都觉得咱这地儿牛气，是个有学府的地方。

从1952年到1978年间，赵琦老师负责学校教务处和图书馆的工作，因为学校缺编，她每天都非常忙，赵老师印象最深的、也最喜爱的一项工作是图书馆报纸的存档工作，当时学校订的报纸有《光明日报》《文汇报》《人民日报》等。

邮递员来送报纸的时候，赵老师是最开心的。当一摞摞崭新的报纸送到图书馆，她会将包裹轻轻地拆开，一股油墨的清香扑面而来，沁人心脾，她的心也仿佛跟着陶醉了。接着报纸上一条条的新闻也映入她的眼帘，她知道，老师们都等着读她的报纸呢。木窗棂外面的晨光斜照在报纸上，有些晃眼。她低着头按份数整理好之后，走出房门，到办公室发报纸。日日如此，年年如此，春来冬去，岁月流转，不知不觉女儿也能够帮着她做事了。这日日的整理和分发报纸像是一项神圣的仪式，她仔细认真地整理装订每一份报纸，并在这个工作中得到一种平静的快乐。就好比一盆花换了环境后，最初的日子里，有些叶片会发黄、焦

枯，甚至掉落，但是随着时间的推移，它会以顽强的生命力渐渐适应新环境里的空气、水分、阳光……最后又变得像从前一样枝繁叶茂。

很多年了，每一日的每一份报纸她都将其展平，用钉书钉钉好，后来报纸越来越多，没有地方放了，她要求学校搬来很多不用的铺板，用来码放一摞一摞的高高的报纸。她擦擦头上的汗水，数了数当天的报纸份数，满意地将一摞报纸添放在铺板上。不，这已经不是一摞摞报纸，仿佛是她用了很多年精心耕耘的一畦一畦的庄稼，又好像是她这些年来在永中一路走来的艰辛历程。

后来，赵琦老师调离了永乐店中学，在临走的那天，她还不忘跑到图书馆门前，从门缝里看看她的报纸。那一摞摞的报纸，几乎堆满了整个房间，她要离开永中了，有些放心不下自己的工作。她担心着，接替她工作的老师会不会认真整理和装订，会不会落下哪一天的报纸，会不会房间里放不下报纸的时候，会将老旧的报纸扔掉……哎，如今自己已经调离这里了，想那么多也是无用了。

再后来，永中的一些故人去探望赵琦老师，赵老师还问起自己码放的报纸。故人说，因为校址搬迁，老房改造，不知什么时候，那一屋子的旧报纸早就被人当作破烂卖了。当听到这消息时，满头银发、已至耄耋之年的她，不禁眼眶湿润，显得有些激动地说："也不知都是些什么坏人，扔了我的报纸!"沉默了许久，她才缓缓抬起头。仿佛丢的不是报纸，而是她的一位故人，是一段难以割舍的岁月。

口述：赵琦

采访：王文亮、冯广瑞

执笔：王建敏

回　忆

　　最近几年，同学和老师每年相聚一次，席间常会提到永乐店中学初中三年的时光，点点滴滴，无不历历在目，无不令人心潮澎湃。平日闲暇里，往日的情景也会时隐时现。或许，逝去的只是时光，而时光里闪烁的晶莹却被打磨得愈加纯亮。

　　1955年秋到1958年夏，我的三年中学时光就在永乐店中学度过，当时她还叫"河北通县初级中学"。在这里，我从懵懂少年走向青春激扬，那些陪我走过的人，总也忘不了。那是爱生如子的学校领导，如孙自凯、季庆阳、周恩勇老师等；那是因材施教的恩师，如李汉卿、马守柱老师等。忘不了他们日夜操劳、诲人不倦的身影，学生的身体、心理、学习、生活……不管哪里遇到困难，都有他们开解疏导。忘不了的还有那紧张而有节奏的三甲班集体生活，57名同学共处同一屋檐下，共同学习、共同生活、共同劳动……40多年过去了，很多事情仍像昨天才发生，回想起来，或欢喜，或忧伤，一幕幕如在眼前。

　　翻开那张旧照片，看着他的笑容，仿佛时光倒流。他是我的班主任李汉卿老师。那时毕业前夕，流行师生互送相片，李老师就送了我一张，我一直留到今天。老师的话，我也一直铭记，就写在照片的背面，"赠给为班级生产服务的同学……留念！"看着这句话，我就想起了他带领我们和农民、工人打成一片的情景。

　　那是1958年，李老师带头和铁匠师傅韩老头儿共同办了一个小车会，半年内在永乐店镇街头演出了好几次。我记得当时于瑞华作武生，在小车前开道；王文富饰老先生，随后；李玉堂时而扭，时而跳；郑文芳、杜淑兰扮作打车的，在车前扭；曹铁山扮成推车的车夫，演起来惟妙惟肖；王玉富扮成小媳妇，按过去的说法，"坐"了一天车，却走出了满脚泡……每当提起这些事儿，大家都会笑一阵儿，可笑着笑着，眼圈就红了。大家就那样一起扶持着，各展其才又彼此照应，友情日笃，与村民间的关系也日近。时至今日，我依然觉得这样的课余生活意义非凡。

　　还有赵荣汉老师，他代数教得好，和同学们处得也好。但是到初三"反右"时，他被错划为"右派分子"，下放到永乐店镇东北的周起营

村。我心里一直惦记他，终于，在一个星期六的晚上，我和张福祥等到他村里看了他一次。我们还约定好，回到学校，谁也不要提起这件事。一直到"文革"以后，赵荣汉老师平反，才一切如初。我们师生如父子，时有联系，情谊很深。

师生情长，同窗难忘。还是在1958年，我们三甲班成立了一个篮球队，队名叫"雄鹰队"，队服背心是黄色的，毛笔楷书红字印在上面。队员有韩起山、王葆阜、于瑞华、徐振声、徐永全、郭葆田等八九个人。大家心齐，每场比赛，场内场外，士气昂扬。一场场比过，强健了体魄，活跃了生活，也凝聚了班集体。后来篮球队在校内还小有影响，得到了不少赞誉。

那时的校内劳动也不少。记得有一次，我和王学如等在校园内用水井打水浇园子，结果跑水了，我性子急，直向王学如喊求救，因此还闹了一场笑话。还记得，南校的戏台后有几间房，那儿安着一盘石磨，课余时间，学生自愿去那儿推磨。学校和学生约定好，每推一斤玉米面给一分钱的报酬，当时的这一分钱推掉了学生的书生气，也推来了强健的身心。现在，我们的生活好了，很多事情都机械化了，可总会想起那时的劳动，那时虽然贫穷，但有一种难以言说的充盈。

1983年邓小平为景山学校题词：教育要面向现代化、面向世界、面向未来。永乐店中学也在这样的教育背景下发展成了完全中学，不断扩大着办学规模，继续为国家建设培养并输送着人才。

春风化雨，桃李花开，祝福母校，祝福祖国。

刘起兴：1955—1958年就读于永乐店中学初中部。

静待花开

夏日里，闷热的午后，四下里安静得很，知了声在密匝匝的树叶间此起彼伏。张瑞玲一个人在宿舍旁的槐树下乒乒乓乓地练着球，汗从她的脸颊上流下来，虽然浸湿了碎花布的裙子，但她依然冒着酷暑坚持练球。她自小体育就不太好，无论哪一项都拿不出手，也就乒乓球，她还能打几下。

"再练练，我就可以赢她了。"张瑞玲心里暗自想着，眼前又一次浮现出马玉婷的样子，她为马玉婷感到惋惜和着急。她知道，在这个关键时期，如果自己不努力争取，马玉婷将来的命运真的无法想象。

第二天，比试的时间到了，第一个球是马玉婷发球，刚一个来回，马玉婷眼疾手快，"啪"地快速扣球，张瑞玲拼力死争，差点儿摔倒，幸好救起了球，接着第二个球、第三个球……尽管她尽了自己最大的努力，但仍然以一分之差败给了马玉婷。

这场努力，她真的有点犹豫了，"这么困难，这么累，我为了别人为什么要这样？"几乎一整天了，这想法一直在她脑子里徘徊。"不不，不能，如果放弃，可能放弃的就是一个人一生的命运。"突然间，她眼前又浮现出她来永中上第一堂课的情形。那一堂课让她永远难忘。

两年前，张瑞玲和同学们在毕业典礼上欢呼着，大家终于可以响应国家的号召，去最艰苦最偏远的地方，为人民服务，为国家做贡献了。同学们热情拥抱，相互告别，随后各自乘车去往全国的四面八方。

作为新教师的张瑞玲来到当时隶属于河北通州的永乐店中学后，有些失望，心想这离北京也不远呀，是不是我的学业水平还不够高，能力不够强，国家才没有把我派到更远的新疆和西藏。不过事后她也没有多想，只是觉得"既来之，则安之"。

那天第一堂课，她怀着新奇而激动的心情，拿着语文课本和教案往教室走去。

九月的风混杂着草木纯熟的气息掠过校园，她新穿的碎花齐膝裙，在阳光下格外耀眼。远远地，她看见教室的门是开着的，才18岁的她心里略略有些发紧，不过自信的眼神里依旧透着掩饰不住的光彩。一转身，她进了教室，可就在跨进门的刹那，班长粗重地高喊一声"起立——"，同学们瞬间齐刷刷地站了起来。满满一屋子高高大大的学生竟突然间惊住了她，她怔怔地站在门边，感到一阵惊慌，以致无法挪步。定了定神之后，她才敢往下仔细望了望，学生们面容黝黑、衣衫破旧，正用同样惊讶的眼神默默看着瘦小的她。她忘了放在门边桌子上的教案和课本，就直接站在了讲台上。简单的自我介绍之后，她开始讲课。幸好这堂课，她在实习的时候就讲授过，课文早就背得滚瓜烂熟，内容也驾驭得游刃有余。

　　第一堂课后的好些日子，她心中都无法平静。这个地区的贫穷和落后深深地触动了她，学生们学习条件的艰辛和不易让她看在眼里，忧在心中。因家里贫穷，她的学生很多都年龄不小了才入学，大多和她同岁，有的比她还大几岁。几乎每个学生都是全家人省吃俭用地送到学校来学习的。他们眼睛里充满了质朴和诚实，大多都勤奋懂事而又上进。

　　因此，从第一堂课起，张老师心中就隐隐地升起一种责任感，这连她自己也觉得惊讶。

　　如今已经过去一年多了，再过一个月，孩子们就要面临高考了。除了极个别的几个学生以外，孩子们都非常优秀。现在让她最担心和惋惜的就是班里的马玉婷。想到这里，她又一次打起精神，下定决心接着练习乒乓球。

　　后来的日子里，身材娇小的她一次又一次地赢了马玉婷，马玉婷只能乖乖地履行承诺，去复习功课。天气越来越闷热，但她俩的约定仍在继续。

　　时光荏苒，十几年过去了，一天，张瑞玲老师在家中接到了一个陌生的电话，电话那头说："张老师，我是您的一位学生马玉婷，今天特意邀请您到我家中做客，无论如何您不能拒绝我。"

　　张老师按照学生给的地址来到她家。门打开之后，她看到一位中年女子平静地站在那里迎接她。家中窗明几净，马玉婷也没说什么，就只是客气地让张老师坐在沙发上别动。张老师心里一阵嘀咕，正丈二和尚摸不着头脑，这时却看到马玉婷打开了客厅对面卧室的门，齐齐地领出来三个人，一个大人，两个男孩子。张老师一看有人出来就很不好意思地站了起来。"老师，您一定得坐着。"说着，马玉婷赶紧走过来硬是让张老师坐下来。这时两个男孩和那个中年男子已经并排站在了张老师面前。马玉婷神色凝重地说："你们三个今天一定要一起给张老师深深地鞠个躬，你们记住，没有张老师，就没有今天的我，也没有这个家和你们哥俩——"话音到后半截，马玉婷已经有些哽咽，不禁潸然泪下……

张瑞玲这才得知当年马玉婷考取师专，毕业后分配到了一所中学教书，后来认识了北师大附中的老师，结了婚，成了家，过着幸福的日子。

"老师，您还记得您陪我练球吗？那年夏天可真热。"马玉婷说。

"是啊，时间过得真快呀！"张瑞玲说，"当时不是没有办法吗，快高考了，你任性地说：'老师您甭管我了，反正我再努力也是考不上大学的。'天天别的孩子都在勤奋学习，你就动不动打乒乓球玩儿，哎——"

"还好，我想出个投你所好的办法，约定只要我赢了你，你就得去认真写作业。"张瑞玲接着道。

"老师，当时真的难为您了，要不是您，我现在的命运我自己都不敢想象。"

"是啊，你们当年农村生活多困难呀，考不上学，就一辈子都脱离不了面朝黄土、背朝天的生活。我记得有个男孩子，名字我忘记了，他幼年丧父，家境贫寒。冬天外面冰天雪地，他只穿着单衣、单裤，我看着实在不忍心，就转身回到宿舍，把自己的棉被送给他，让他拿回去，教他妈给做个棉衣、棉裤，也好过冬。"

夜深了，儿子和丈夫都已经睡下，马玉婷批完最后一本作业，伸了个懒腰，又一次拿过手机，准备给陈浩发短信。马玉婷开心地想现在总算可以很顺畅地跟他沟通了，她心里觉得无比欣慰。

陈浩是自己所带班级的一个学生，是单亲家庭里的孩子，妈妈是公司的管理人员，每天工作非常忙，疏于照顾孩子，更谈不上交流和沟通。慢慢地陈浩成了性格上执拗、花钱上任性的人，眼看着就要走上歪

路。像张老师当初帮助自己一样，马玉婷
开始想方设法帮助陈浩。从第一天开始用
短信跟他交流起，到现在，马玉婷每天坚
持给他发短信，差不多已经两个多月了。
陈浩最初不回短信，后来跟自己争论，

现在他开始与人交流了，学习成绩也进步了，这期间，她也曾放弃过几
次。可是每次放弃时她都会想起当年任性的自己，会想起张老师汗流浃
背地跟她打乒乓球的情景。她知道十几岁的孩子性子扭，只要有人耐心
引导，坚持不放弃，他们会改变的。

今天她发给陈浩的短信内容是：

陈浩，老师今天非常开心，你这次考试又有进步了。

我们一起默默耕耘，静待花开。

口述：张瑞玲

采访：杜福栋、马忠学

执笔：王建敏

回忆母校生活

　　我是1955年考入永乐店中学，1961年毕业离校，一共在永中学习生活了六年。在这六年的日子里，我不仅学习了科学文化知识，也学习了不少认识社会、认识人生的知识，受到不少锻炼。我与母校建立了深厚的感情，对有些学习生活的片段印象很深，至今不忘，它们仿佛就发生在昨天一样。

　　穿过岁月，跨越艰辛，回首往事，感慨万千。十几岁，二十几岁，正是人生最幸福、最美好的时光，可是我在这段时间却领受了生活的艰辛，正在一条充满坎坷、曲曲折折的道路上艰难地跋涉着。

通縣永乐店中学全体教师合形 190. 7.

　　那时候我是个穷学生，家里没钱却要念书，上学费用不多，可我还是上不起学，就连住校入伙的几块钱饭费也拿不出。我上学主要是靠助学金维持的，因为无钱住校，六年中我走读占一多半的时间。

　　经过两道大渠，走一段土堤，再从一座木桥过一条河，然后是一条长长的铺着石渣的公路，这是我每天上学要走的路。每天，我腋下夹一个包着几本书的小包袱皮，顶风冒雨，昂首挺胸，跨着大步丈量这段路程。从我家到学校有十三四里地，无论冬夏，我都步行走读，每天用在路上的时间有两个多小时，我是走读生中住得离学校最远的一个。秋末天冷之后，有时就从家里带饭住校，背一大袋子玉米饼子吃一个星期，吃完再回家去取。

　　因没钱念书，我就自己想办法。大渠上长满了半人高的草，村里劳力都要参加集体生产，没人去打草，我就不上学，把两条渠上的草都打了，为了打草，我旷了好多天课，打草卖了钱再去上学。初三那年，我两次旷课打草，赚了60多元，足够我入伙和买书籍、文具之用。实在没钱上学，我就到生产队劳动挣工分，有一次，我到生产队劳动，旷课长达40天，后来班主任老师来到我家，又把我找回去上学。

　　有一段时间，学校照顾我，吃饭不要钱。三年困难时期，强调让学生劳逸结合，有一段时间，学校允许我每天可上半天课，我下午只上一节课就往家跑。

　　走读时我经常要走夜路。一次劳动，红红的太阳在天边还露半个脸，我们仍挥汗抡镐，干劲十足，这时班长大声喊我，提醒我该回家了，同学们说我还要赶十几里路，也纷纷催我赶紧走。我执意不要照顾，坚持和大家一起收工才回家。收工后刚走出二里路，天完全黑下来了，这是我平生第一次走夜路，心里不免恐慌，由于害怕，我出现了幻觉，不管看什么都是电线杆，满眼都是电线杆。这么晚，我没到家，母亲焦急万分，在我匆匆赶路之时，母亲也奔出了家门，站在村口，向着茫茫旷野，一遍又一遍地喊着我的名字。

经常走夜路，我连手电也没有，夜晚从邻村庄稼地里穿行，有时青纱帐发出"哗啦哗啦"的响声，还夹杂着"轰轰轰轰"的怪音。当时我不知是怎么回事，心里害怕，后来才弄清，原来是人家的猪跑进庄稼地里，听到后边来人，一边叫一边跑，撞到庄稼时发出那吓人的声音。

那时候我家连一个小闹钟也没有，每天早上上学全凭感觉掌握时间，夜里常常只睡一两觉就不敢睡了，总怕睡过了头耽误了上学。有一次月亮亮亮地挂在天上，我以为天亮了，走到半路月亮下去，天还是很黑，到学校又待了好一会儿，天才亮。那次是没掌握好时间起得太早了。我也常迟到，每次喊过报告，我推门走进教室，面对老师和全班同学那么多双眼睛，我都觉得很难为情，虽然老师没有责备我。

走读当中，我也遇到过几次危险。1959年，我天天经过的那座木桥因年久失修垮塌了。这下，我就要绕好几里路去过一座石桥。有一天放学回家。走在半路，下起雨来，身上衣服都淋湿了，我想反正衣服也湿了，索性就抄近路从原来木桥处蹚水过河。我从坏桥旁边下水，才下去，水就有半人深，又往前挪动几步，就觉得身子直往水下的淤泥里陷。惊慌之中，我下意识一跳，这一跳正好跳到旁边一团树枝子上，这才脱离了险地。还有一次，我图近，从冰面上跑，快到岸边时冰破落水，棉鞋、棉裤都湿了。上岸之后还没走到学校，鞋裤都冻成了冰。

因为天天走读，我走路之快是出了名的。有一次学校开运动会，班里同学说，我有"走功"，给我报了一个竞走项目。比赛的时候，我还像平时那样快走，可别人就像小跑一样，我认为既然是竞走就不该跑，不管人家怎样跑，我还是一步一个脚印地走，结果远远地落在了后边，别人跑完了全程，我毫不气馁，中途不退场，坚持走完了全程。场外观

众给了我热烈的掌声，还有人喝彩叫好，班里同学也称赞我顽强。

那段时期，我校师生参加农业劳动比别处都多，经常一连多天停课劳动，有时半天上课半天劳动，有时劳动在校内，有时在附近各村。为参加劳动，我们学生也住在老百姓家里，有的家里的炕拆了，就住炕洞。很多农活我们学生都干，像深翻土地、挖沟、修水渠、掏厕所、种水稻、插秧、摔土坯子、烧砖、出窑，活儿都干全了。当时劳动成了学生的一项重要任务，记得学校北边那段公路就是我们学生修的。当时还没有手推车，都是用土篮子挑土，土黏性太大，用铁锹铲不动，装到篮子里又倒不出来，取土运土相当费力。每次我们挑着分量很重的两篮子土，喊着口号儿往堤上冲，就像战场上战士打仗那样。有一次挑土，我刚上脚的一双千层底纳帮鞋的鞋底就被粘掉了。当时师生一同劳动，歇活儿的时候就坐在一起有说有笑，师生关系相当融洽，师生之间没有鸿沟，甚至没有一点距离，没有一个教师摆"师道尊严"的架子。

我是走读生，加上要时常参加劳动，无法安心学习，常常产生退学的念头，那时就有走一条"自学成才"之路的想法，由于家长和老师劝阻才没有退学，得以将学继续上下去。

我自己对学习抓得很紧，点点滴滴的时间我都利用起来，不肯白白放过一分钟，因此我的学习成绩一直比较好。到初二时，几门主科功课成绩都很稳定。由于走读，又加上劳动过多地侵占了我的学习时间，到初三时，我的学业受到严重的影响，学习成绩开始滑坡了。我把有限的时间集中在了文科上，着力学习语文，理科几门课就被我慢慢放弃了。当时各科的考试也多，我经常因为旷课而考试不及格。就连我喜欢学的历史有时也不及格。为了及格，理科我主要记一些概念，计算题费事我索性就不管他。我经常缺课，又不好意思总去找老师补课，缺多少课我就自己看书自己补课，而这也正好培养了我的自学能力。我语文学得好，也有一定的自学能力，只要有时间自己补课，哪科考试我都不怕。有一次我好多天没有到校上课，到校后自己刚补完课就赶上代数考试，我一下考了100分，这使同学们大大吃了一惊，一时造成轰动。那时无论怎样缺课，语文课我始终没有放松，文言文和作文是我的两个强项，学习时间那样少，我还挤时间看了不少名著，如鲁迅、老舍、巴金的小说。新诗我看得更多，如臧克家、艾青、田间的诗，还有不少当时青年诗人的诗集以及国外的诗集，我都广泛涉猎。除看别人的诗，有时我自己也动手练习写一些小诗。偏科最严重时，理科作业我都不做，自习课上看语文课外书，班主任知道这种情况后，曾委派一名班干部做我的工作，我不听规劝，那位班干部任务没有完成，急得直哭。

那时我写了不少诗，有一首写劳动锻炼的小诗，只有短短四句："晒黑皮肤，炼红思想，满身泥巴，是劳动奖章"。这首小诗曾得到学校党支部书记的赏识，党支部书记亲自在全校大会上朗诵，后来听说通县的《前进报》也刊载了这首小诗，自此，同学们给了我一个"诗人"的雅号。

在永中的六年，是我人生中最重要的一段时间。这六年中，我虽然吃了不少苦，却经受了锻炼，这里培养了我艰苦奋斗的精神，这是一

笔巨大的财富，使我受用不尽。1961年，我离开永中，到北京一所高等学府深造。环境变了，艰苦朴素的本色却没有变。在大学里，我依然生活俭朴，学习刻苦，努力培养自己纯正正直的品性，我永远不会忘记母校永乐店中学，不忘培养我教育我的诸位恩师，不忘如亲兄弟般的同学们，师生情、同窗情将我们的心永远连结在一起。

　　于振宝：永乐店中学1961届毕业生。

耄耋之年　拳拳之心
——记永中首位北大学子王葆阜

2019年9月25日，云淡风轻，我们有幸采访了永中校友王葆阜老先生。

闻先生之名尚在永中60年校庆日，先生雅望即在受邀之列，且有巨幅照片陈列校园。作为永中首位北大学子，先生曾轰动一时，及至今日，依旧可做永中精神之担当者。可惜当时忙于酬应礼节，未得与先生谋面。

时隔七年，先生为校史一事，应邀受访，专程赶赴永中，实乃永中大幸。我与海达、刘佳三人奉命采访，得与先生一晤，幸甚之至，初见先生便如故人。先生已过八旬，依旧身姿挺拔，精神矍铄。蓝格衬衫，扣子直到颈下，一丝不苟。

自我介绍时，先生便起身与我们一一握手，纯朴敦厚。先生自言："非常感谢学校，给我这么大的荣誉。60周年校庆的时候弄得我非常不好意思，弄那么大的照片，那天我的家人，爱人和孩子都来了，我在家人面前也骄傲了一把！他们一看那么大的照片，就一切都明白了，不用我再多说……"激动处，先生竟一时失语。

做纯朴的人，做纯朴的教育，先生躬身实践，正可谓"绘事后素"。朴素方显本色，底色如此，必然绘就绚丽人生。我见先生，崇敬之情溢于言表，只得以"先生"名之，以溯永中精神之范者。

先生纯朴，免去寒暄，避之恭维，直奔主题，他对整理校史之事大加赞赏。先生已至耄耋之年，不失赤子之心，愿为此倾尽全力，一再表示定会随叫随到。一诺千金，非为诚也，而在拳拳之心，尽显朴素教育之旨。念及先生，方悟教育之崇高境界。

那些阳光灿烂的日子

忆及往事，先生竟如七八岁少年，春风满面，壮怀激情。新中国建立之初，百废待兴，想来艰难应是主旋律。然而，先生徐徐道来的却尽是阳光灿烂的日子。为还原历史，谨遵先生纲要，实录如下（先生受访之前自拟纲要，严谨若此）：

我们是1955年入学。当时通州还属于河北省，我校当时是全县唯一一所初级中学，校名是通县初级中学。当时，老百姓生活还极度贫困，多数农民还处于半饥半饱的状态。学生伙食费每月七元五角，一天三顿窝窝头和菜汤（冬天白菜汤，夏天韭菜汤）偶尔吃顿馒头就手舞足蹈了。几乎有一半同学，从秋末到初夏一天三顿都吃从家里背来的窝头和咸菜。

我当时住在南校，四十几人住在五间大房，每间两排大连铺。晚上一盏煤油灯放到中间儿。家庭条件好的人一被一褥，不少同学就一个被子，连个褥子也没有。冬天五间大房子只生一个炉子，有的两个人把被子叠在一起，钻一个被窝。将早晨穿衣服，晚上脱衣服搞成比赛，成为我们这些十四五岁孩子的一件趣事。穿的和现在没法比了。夏天的衣服

一直穿到秋天，冬天了穿在里面，很多同学就这么一件衣服。像现在秋衣啊，毛衣啊，都没有。很多同学就是棉衣棉袄，脱了就是短裤，我们叫"硬訕隔廪"，什么都不套，因为没的可套。许多同学手、脚、耳朵冻得流脓，直到四五月份才能好起来。

　　周六回家，周日返校都是步行走着，没自行车，也不通公共汽车，最远的西至马驹桥，东至西集，下午四点放学靠"11路"，礼拜六下午四点放学，到家以后就什么也看不见了，第二天傍晚七点之前回来，要晚自习前返校。高中时候，全年级同学中有了两辆自行车，关系好的偶尔可以借一借。1958年"大跃进"，通县在体育场召开全县誓师大会，通知全校师生参加。头天晚上我们就从学校走，有的同学拽着另一个同学胳膊，走着走着就睡着了。第二天早晨到通州，结果我们还不能进主会场，誓师会在原来新华大街体委那块儿。我们在分会场潞河中学的操场上有个大喇叭听广播。下午又成群结队地走回来，三十多公里，来回六七十公里。现在要是让咱们同学走着去通县，那不可思议，那时候不觉得怎么样，觉得很平常。

　　先生谈起了两次进城故事：第一次，一个周五党支部孙自凯书记通知我们，星期六日，劳动人民文化馆有个保卫的展览。让我、赵森和李永祥（已故）去参观。我父亲在通县工作，打算在父亲单位凑合一宿。

张瑞玲老师知道我们要进城，就直接把我们带到她家里了。晚上在老师家吃饭，我们商量第二天早点起，早点走，别在老师家吃饭，正是困难的时候，粮食定量，可以说那时

候家家都吃不饱。我们第二天都起得很早，结果老师也起得很早，给我们准备早饭，我们就不能不吃啊。早饭后我们坐车到劳动人民文化馆，中午看完展览，走到前门，一人买了一碗炸豆腐汤，我们从学校带了当天晚上和第二天中午四个窝头，一块咸菜。四个窝头掰碎了放在汤里面吃。哎呀，能一顿吃四个窝头，我们三个小伙子在那吃，师傅一看，"给你们再加点汤"。哎呀，吃完了这舒服呀。那简直是一种享受。我把此事以《一顿美餐》为题的小文收入我的一册书中。

再有一次，高考要考党史，有人告诉我说军事博物馆有个党史展览，我借的孟广才老师的自行车，早晨从永乐店骑车到军事博物馆，我用的是胡华版的中共党史，一边看图一边看书。中午在保温桶旁啃着咸菜吃了两个小窝头。下午四点半，从军事博物馆返回学校，从永乐店骑车到军事博物馆，看一天展览再从军事博物馆骑自行车回来，60公里，一去、一回各要三四个小时，也就是仗着那时候年轻，搁现在的学生根本不可想象。现在的学生坐公交车都不一定愿意去，得开车接送。当时所有人都是这种状态，没有觉得累。

那时生活虽然辛苦但很丰富，文体活动比较多。课间跳集体舞，1958年后，周末老师学跳交谊舞。每逢节日师生都要开文艺联欢会，师生同台演出。老师演的《野火春风斗古城》的话剧曾轰动一时。我初中

时演过《星期天的一天》的话剧。内容是一个同学自吹自擂老在家里干
很多活，我们上他家去了，结果他连洗衣服都不会，他很尴尬。我还说
过相声，就是大家一起乐一乐。去部队慰问还上台唱过歌，也不觉得寒
碜。我们初二成立了小乐队，照片里有，我们三个人，拉京胡的是本人
（右一），于瑞华（左一）黄本德（中）。班里女同学跳过，《剑舞》
《打钟牌》，女声小合唱《八大员》。

那时学校的体育活动也比较多。班与班之间，年级与年级之间，老
师与学生之间篮球赛，老师和学生组成联队，对外面的篮球赛，几乎天
天都有。我们班的篮球队初二时名为"铁鹰"，初三时称"飞燕"，曾
经步行到牛堡屯中学去比赛，咱们学校的女篮，曾经去采育中学比赛，
走着去走着回来，那时也没有别的交通工具，就是"11路"（走路）。
一次，北京队和吉林队有个比赛，在通州体育场。崔俊峰同学和我一样
喜欢打篮球，我们俩都是学校篮球队的，我们俩找老师借车，到通县看
篮球赛再骑车回来。到通县30公里吧，那时候也不觉着累，很自然。

生活虽然艰苦但是很快乐。

享受体育劳动的欢愉

提起劳动，先生话就一下子多起来，流露出自豪感和幸福感。他说，1958年我们上高中，国家颁布"教育和生产劳动相结合" 教育方针。孙自凯书记在全校大会上宣布：先劳动一个月。先是深翻土地，最远处南到过德仁务，北到西集。我们在杜柳棵深翻土地（乡土文学作家刘绍棠的家乡，潞河中学毕业的，他上初中时写的文章选进高中课本）。我们住在杜柳棵一礼拜，不知道村子长什么样，为什么呢？因为早晨天没亮就起了，下地里；不到夜里黑了不回来。把炕坯拆了积肥，睡在炕洞里，炕洞里好多锅烟子。回到学校里，一洗头，全是灰，洗几遍都洗不净。

1959年到德仁务去平整土地种稻子，地里已经灌上水了，插水稻要把地弄平了，怎么弄平了呢？这么预（粗）的大木头，拽着绳子，四个同学拉，老师在后面摁着，把土地弄平，那个劳动强度相当大的，而且正在困难时期，吃不饱呀！有的老师是城里人，没有干过农活他使劲摁着，特别卖力气。他越使劲摁着，前边拉着越沉啊。大家全身上上下下全是泥水和汗水，泥猴似的，没了人样。可休息时一坐下来，歌声笑声便混成一片，疲劳感、饥饿感就跑到九霄云外去了。

当谈起1958年学校盖跃进楼时，掩饰不住地流露出满满的骄傲感。他说，从挖土、甩坯子、烧砖，到盖楼和南校的食堂，都是当时的师生自己干的。烧砖先要做土坯子，弄一层土，浇一层水，再弄一层土，闷着，闷一些时间以后，然后用一种像铁锨一样的东西，很薄很薄，中间有个梁，用于烧砖，和好的泥要摔，使劲往地上摔，摔过去以后再摔回来，摔三遍，要不然不熟。女同学弄得跟小枕头似的，男同学往模子扣。把坯子弄好了以后，立起来晒，再打摞。然后要装窑，学生往窑

里背师傅在窑里码。砖窑有两层楼高。窑上面有个大水池子，往里浇水。我印象最深的是，一天夜里，我们六个人（我只清楚地记得有崔峻峰——哈军工毕业；还有已故的张树常——外国语大学毕业）每人一次挑六挑水，然后休息大概一个小时，每人再挑六挑水，不是走平道，要爬坡的，相当于两层楼高，一夜要挑六七次。等烧完砖了，出窑。这个你们没法体会，你进去就一身汗，而且砖还没有完全凉，太热了背不了，完全等凉了那不可能。烧窑的师傅给码好了，我们进去背出来。累不说，那叫热呀！

盖跃进楼时，我们当小工，就请了一个瓦工师傅，姓伍，我们都叫他伍师傅。这个伍师傅，校史应该有他一笔。开始挖槽，出现流沙了，伍师傅想辙解决了难题。跃进楼师生自己盖的，现在看来质量是差点。还有一件事我记忆犹新，1960年，第26届世界乒乓球比赛在北京举行，容国团、庄则栋、李富荣、徐寅生和张燮林组成的中国队对日本队决赛。学校有一个小的黑白电视，就跟镜框一样大。二三十个学生在二楼看比赛。前面人坐着，后面站在椅子上围了一层又一层，咱们赢得了冠军。我们看比赛的人学生，"嗷"的一声跳起来了。当时的一个大师傅，叫戴振英，（原来是南堤村党支部书记），急了眼地喊："别跳，别跳，跳塌了"。那时候年轻人不知道，老人知道，楼是自己盖的，质量不行，把他急坏了，他拼命地喊，学生才停下来。我们从他身边走过，看他出了一身汗。

每当看到跃进楼的老照片就不由自主地回忆起当时盖楼时，当年在学校生活的情景就浮现在眼前，感慨啊，骄傲啊，自豪啊！怀念之情油然而生……

在校期间也搞些勤工俭学活动。我和其

他三人给食堂磨玉米，人推磨，推了一宿，四个人，每人挣了4毛钱。暑假里有的女同学帮助学校油窗户。我们男生去修燕赤铁路，在京西的西道口，往铁路桥的大墩子上挑沙子和石子，爬坡，沙子和石子比一般的土要沉，一天8小时，上下午各休息20分钟。我们去了一个月，我挣了14块钱，路过北京城，买了一双回力的球鞋，这是我人生的第一双球鞋，初中三年都穿家里做的布鞋。

真挚深厚的师生同窗情

当谈起同学间、师生间的关系时，他很是动情，一下子沉浸在美好的回忆中。我们第一届高中只有两个班62个人，全校也只有几十个老师。20世纪50年代人很单纯，人与人之间关系也比较简单。生活条件非常艰苦，绝大多数老师都住在学校，长期共同生活，共同劳作，共同学习。同学间感情非常单纯，就跟兄妹关系一样。师生间的感情非常真挚深厚。老师对我们学生亲如父母。有的同学病了，同学去陪床，老师也去陪床。困难的同学穿过老师的衣服，吃过老师的饭。班主任老师步行几十里进行家访……说说毕业后的几件事吧。我们年级为纪念毕业40年搞了一次聚会，毕业62人，除了病故的和久失联系的外，得到信息的49人全部赶来，回到久别的母校团聚。让人特别感动的是久居香港的郑瑞玉老师特意回来参加。这从一个侧面表明了当时的师生的亲密友情。初中的、高中的定期和不定期的聚会年年都有。很值得一提的是，我们班的同学每年为班主任张瑞玲老师庆贺生日，从她50岁那年开始，年年都有十几个同学参加。就我知道的为张老师庆生的还有其他两届的同学，李汉卿老师曾担任我们初三班主任，每年春节我们班的十几个同学都去给他拜年，坚持了十几年，直到他去世。70多岁的学生去看望80多岁

的老师，有的同学得了半身不遂了，瘸瘸拉拉的也去了。最多一次去了三十多人。几乎每年都会引起街坊邻里的围观，赞许声不绝于耳。最后一次看他是在潞城敬老院。得知李老师去世，我们四个学生赶到仪宾馆为他送行。

先生所道师生情谊令吾辈欣羡不已，人情人性之光芒烛照教育之。

感恩母校

从先生的言谈中，常常不自觉地流露出对母校怀念之情，对当时的老师、领导思念，感恩母校，溢于言表。他深情地对我们说，我从1955年到1961年在母校学习生活的六年（我从十几岁到二十岁），正是精力旺盛、从懵懵懂懂到逐渐成熟的极其重要的成长期。正是学知识、长能力、练本事的年龄段，也是习惯、品德、修养的养成年龄段。正是永乐店中学这所农村学校的淳朴校风熏陶，培养了我朴实、憨厚、以诚待人的品格；长期艰苦生活磨炼，使我养成了一生吃苦耐劳，攻坚克难的精神；领导、老师踏踏实实，工作态度潜移默化的影响，培养了我认真踏实、一丝不苟的工作态度；领导、老师强烈的事业心影响着我，让我在一生的工作中都勇于负责、敢于担当；校领导的重视、老师的信任，让我做了几年（从初二到高三）的学生干部，锻炼了我的工作能力和协调能力。在母校的六年，受的是爱党爱国的传统教育，听党的话成为我们这代人的终身的不二信念（有这么一件事：高二时老师让我写几个条幅贴在教室墙上。其中有一条的原稿是"做党的驯服工具"，我私自加了"经久耐用"四个字，成了"做党的经久耐用的驯服工具"由此可见对党的信念）。离校多年，随着年龄的增长，经历、阅历的增多，才体会到在母校的六年，我不仅学到了扎实的文化知识，为升学深造打下了坚实基础；更重要的是那六年对我的世界观、人生观、价值观的形成起到了至关重要的作用，尤其重要的是母校教会了我在人生的征途中"如何做事，怎么做人"。感恩母校，感恩老师绝不是一般的致敬语，而是发自肺腑，发自内心的言语。"感恩你，母校——我的永乐店中学""没有你，我的母校——永乐店中学，就没有我王葆阜今天的一切"。

尊敬的学弟学妹们，我相信，当你们离校多年，一定会有同样的感受。到了老年，这种感受会越来越深，一定和我今天的感受一样，也许更强烈！尊敬的学弟学妹们，珍惜吧，你们在校的每一天！

　　大道至简，教育之道亦如此。简朴生活，简单行事，真意即在其中矣。先生之辈，躬亲实践，永中精神，传承一脉。六十余载，历代永中师生拼搏创业，"艰苦奋斗、自强不息、开拓创新、不甘人后"之精神已入骨髓，堪称永中精神。今日永中秉承大道，恪守使命，勇担责任，永中精神必将唱响新时代。

　　王葆阜：永乐店中学1961届毕业生，1961年考入北京大学哲学系，曾任中国国家话剧院党委书记。

　　采访：姜海达、邱鑫、刘佳

　　素材整理：刘佳

　　执笔：邱鑫

永中精神照耀我前行

精神是内心世界的脊梁，是前行路上的启明灯，是青春不老的发动机。

永中精神伴随着代代永中师生的成长而不断发展，不断沉淀，它是撑起永中的脊梁，是永乐店中学注入代代学子，令其受用一生的精神力量。

冯义是众多永中学子中的一员，1940年出生，1958年入校，如今已近耄耋之年。2019年9月25日，重回母校，他语重心长地说："中学时代是树立我正确人生观的起点，并为我走向社会打下了坚实的基础。"是的，他的生活经历体现着永中精神的巨大力量。

初来永中，风华正茂学本事

那时候上学机会很少，1958年全通县只有潞河中学一所完全中学，意味着农村的孩子上高中也必须要考到县城才行。幸运的是，1952年以前建校的永中，在1958年就建成了完全中学，这对于家住永乐店的冯义来说是一个天大的好机会，因为家门口的这所学校有

可能让他完成从初中到高中的学业。

1958年入学的冯义是永中第一批入学的高中学生。高中部老师是来自全国各地的高才生，住宿生住在有上下铺的六人房间里，一天六节课，学生每天按时上下课，老师抓紧时间备课讲学。虽然时隔60多年，冯义至今仍然可以回想起当年永中严谨的教学状态。那时候条件很艰苦，学校由南、北两部分组成，中间有一条较宽的水沟。教室是由永乐店酒厂的厂房改造而成的，房屋都是简陋的平房，冬天需要生煤球炉子，晚自习需要点汽灯。教室后面是没有围墙的操场，操场的北边是一片庄稼地，学生们除了上课，放学回家还要承担一些力所能及的家务劳动。

1958年，中央提出了"教育必须为无产阶级的政治服务，教育必须与生产劳动相结合"的两个必须的教育方针。这一年，学校新设立的高中班因教室紧缺，上课没有固定教室，只能哪个教室有空闲就到哪个教室上课。于是，在中央号召和实际困难需解决的情况下，学校积极组织师生建校劳动。十几岁的冯义的高中生活便是在一边学习一边劳动中进行的。赤热的阳光下，半大的小伙子就在学校的操场上挖土、和泥、做砖坯，砖坯晒干之后再用手推车推到学校西边的砖窑里，供给师傅烧砖。

提到永中求学的这段时光，冯义说得最多的是："为建校出力，靠双手改变校貌。"他说，干活时汗流浃背真的很累，但是当坐在饱含自己劳动汗水的农村第一座二层楼时，心里感到无比自豪！他深有体会地说："那时的学校劳动培养了他艰苦奋斗、热爱劳动和热爱学校的精神。"

除了学校劳动，上级还经常指示学校组织学生参加校外劳动，学校周围十里八乡的土地上都留下了他们收割、打稻、挖河、深翻土地的足迹。那时候的劳动不仅频繁，而且强度大。有时候学生累到走在路上扛着铁锹就打起盹来了。但是，大家的劳动积极性都很高，经常是校与校、班与班、小组与小组之间主动开展劳动竞赛。很多活，白天干不完，晚上接着干。落下的功课，学校领导和老师就利用假期给大家补，目的是保证学校在教学水平上也能够争上游。在1960年2月28日的日记中，冯义写道：今天劳动中没有工具，我跑了好几趟，好不容易借到一辆大车，同学们高兴极了，我也特别高兴，我拼命地拉车，抢着驾辕，虽然汗如雨下，但是，自己的心里是愉快的，也不觉得累，一边拉车一边喊着"鼓足干劲！"同学们也跟着喊，每个人都斗志昂扬，干劲冲天。透过这篇日记，我们可以真实地感受到那个特殊年代里学生吃苦耐劳、不甘人后的革命乐观主义精神。

中学时期的冯义赶上了1960年灾荒，除了劳动辛苦，饥饿也最难

耐。冯义家里有老小四个人，只有他一个劳动力，为了解决家里的缺粮问题，他利用假日到田间地头采摘草籽，或到农村亲戚家找菜叶、红薯叶，把采摘回来的草籽、菜叶晒干磨粉，和面粉掺杂在一起做成窝窝头、菜团子用来充饥。就在这样的困难条件下，为保护学校财产不受损失，冯义和几个同学还积极担负起了夜间护校的任务，他们白天劳动、上课，晚上护校。半大小伙子正是长身体的时候，晚上很容易饿啊，但是考虑学校粮食紧缺，不能给学校添麻烦，他们坚持不向学校申请粮食补助，实在饿了就从食堂白天用过的白菜根部挖出少量菜心煮熟充饥。学校领导得知他的实际困难后，在距离高三毕业前几个月，和永乐店村党支部协商将他的户口临时转到了学校，彻底解决了他的后顾之忧。冯义特别感谢学校的党支部在困难时期帮助他战胜困难，他相信虽然困难是真实存在的，但也是暂时的，党一定能领导人民战胜困难。

也正是在劳动与学习中，冯义从少年长大成人。他知道生活不易，但是经过努力可以让生活变好；他知道家人生活艰辛，一直支持他读书很不易；他知道学校对他的关怀是因为学校里有孙书记这样为人民着想的中国共产党员，他更加相信党，要永远跟党走。令人十分高兴的是，在永中读了5年书后，他考取了北京师范学院，带着梦想和希望，并带着永中精神开始了新的成长之路。

走入社会，永中精神是明灯

他说："中学时代是人生的基础和起点，正是中学时养成的爱校、爱党、爱劳动，克服困难往前冲的精神奠定了自己工作的基础。"1965年，冯义大学毕业，国家的建设也进入一个新的时期，在毛泽东思想的指引下，吃苦耐劳、互相协助的精神成为时代的召唤。大学毕业后的冯义，第一份工作是在半工半读学校当老师。在那个火一般的岁月里，刚刚毕业工作不久的他，带领几名学生身挑扁担行李，开始了他们的重走长征路活动。他们步行从南昌到井冈山，到韶山，再到长沙，不到一个月的时间步行1500里，最多的一天走了104里。他说，那时候只有一个信念，就是：坚定信念，吃苦耐劳，要跟党走！

"文革"结束后，为了提高思想理论水平，跟上改革开放发展形势，冯义报名参加了市委组织部组织的"培养马列主义干部理论研究"考试，考试顺利通过后，冯义脱产学习了两年。此后，他被分配到市委政策研究室文教处当调研员。在调查研究和学习教育理论的基础上，冯

义利用业余时间和节假日休息时间，深入92中学习成绩最差、纪律乱、几乎2/3的学生英语不及格的初三（一）班。对这个班，学校领导和老师都无能为力，学生家长感到忧心忡忡。冯义认识到：初中是人生打基础的关键时期，决定学生人生的方向。他决心与学生家长联合起来，挽救这个班。在该校领导和班主任的领导下，他利用假期成立家长委员会，选举9名家长委员，由校长颁发聘书，筹集资金建立家长奖励基金，设立奖励机制，让家长轮流值班管理学生，家长委员们深入学生家庭了解情况，做思想工作。以"攀登记英语单词高峰"的活动为突破口，在学生间开展记单词比赛，按记单词多少给予物质奖励。促进学生之间互相学习，激发学习斗志。冯义还邀请家长介绍经验，互帮互助。冯义和家长委员会硬是用一年时间让班里的孩子都顺利毕业、升学。为此，《中国教育报》还特别报道了这个成功的教学案例。

当然，冯义工作中也有不顺心、被排挤、被打压的时候，每当那个时候，冯义就会想起《钢铁是怎样炼成的》中保尔·柯察金的名言：人，最宝贵的是生命。它，给予我们只有一次。人的一生，应当这样度过：当他回首往事时，不因虚度年华而悔恨，也不因碌碌无为而羞耻；这样在他临死的时候，他就能够说：我已经把我的整个生命和全部精

力，都献给了这个世界上最壮丽的事业——为了人类的解放而斗争。是的，只要是有利于党的事业的事，冯义就努力去做，并且做好。

总之，毕业后的冯义始终没有忘记母校教给他的永中精神，他怀着对共产党的无限信任与热爱的心情，一步一步地往前走。

回望半生，言不尽母校之恩

当岁月的脚步蹒跚到2019年，昔日的热血少年，已经变成了颤颤巍巍的尊尊老者。在2019年9月25日，冯义作为永乐店中学第一届高中毕业生代表应邀回到母校，时隔半个世纪再回母校，他感慨万分地参观了学校的沙盘、报告厅、录课室、游泳馆，以及在建的滑雪馆等。参观完校园后的老校友接受了我们的访谈，这位已近耄耋的老人坐在永中新建的茶歇室，精神矍铄，侃侃而谈。他谈起永中巨变，谈起永中求学之事，滔滔不绝， 谈起他开始写自己的回忆录，说十万余字的文稿已初具规模。他语重心长地说："我是写给自己看，我要活得明白，给自己一个交代。"最后离别时，他说："中学是人一生中最重要的时期，很多习惯由此奠基，感谢我的中学在永中度过。"

我细细地端详这位老者，他素衣、长裤，穿着黑色足力健鞋，说起话来慢条斯理，但是，眼里的光却亮如白刃，显得愈发精神，这束光是他区别于别的老人的标配，显现出了不一样的神采。传承着永中精神，它是永中学子一生受用的为人之道、处事之方，是顺境中开拓创新的动力，是逆境中坚韧不拔、勇往直前的精神！

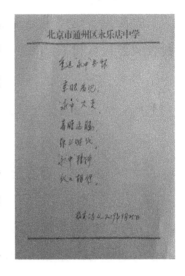

采访到最后，采访组临时给了老人一个任务——为母校写寄语。

老人正襟危坐，沉思了一会儿，最后用小楷一笔一画写下《重返永中抒怀》："亲眼所见，永中大变；高瞻远瞩，跟上时代；永中精神，代代相传。"

冯老从永中回家后，反复琢磨给"永中"写的留言，觉得有些地方不妥。2019年10月15日夜里三四点，他起床做了如下修改：

重返永中抒怀

从前永中，破烂不堪。

几十年后，情况大变：

现代化的，校舍操场，

历历在目，样样俱全。

高瞻远瞩，跟上时代；

永中精神，代代相传。

冯义：永乐店中学1961届高中毕业生。后考入北京师范学院政教系，大学毕业后，先后在京棉二厂半工半读学校和棉纺印染公司职工大学教政治课，后调入市委政策研究室当调研员。1985年，调入市纪委教育室任副主任。

素材整理：王胜开、王利

执笔：温静

抚今追昔赞母校

学校坐落在永乐店村北，透过两旁的传达室的大门，里边是排列整齐的普通而简陋的教室，北门内是一个没有围墙的操场。它没有什么装饰，但却以纯朴育人而著称，这就是我们40年前荣幸考进的、并受它哺育六年之久的母校——永乐店中学。

我们这一届学子，从初中到高中，受母校六年教育，深受母校的熏陶和感染。

我们师生不抱怨，知道国家用钱的地方很多，很需要人才，热爱祖国、报效祖国是我们这一代师生共同的信念与追求，是我们心目中的永恒主题。学校里每个人都十分关心政治。展览室里的报纸是我们爱看的，因为从那里能了解国家大事。那时，无论刮风下雨，每天上午我们都雷打不动地收听新闻广播，著名的播音员像夏青、潘杰、葛兰、钟瑞等人的声音至今不忘。我们都自觉地用高度的政治觉悟来检阅自己人生的轨迹，这种当年对国家的热情，至今未改。

记得那时任课的老师大都是刚毕业的大学生，如张瑞玲、郑瑞玉、马秀中、刘肃非、陈如美、田美环、周锦心、张志明等老师，他们人人都有辉煌的一页，他们深知教育是学校的中心工作，教学质量是学校的生命线。那时学校没有那么好的教学设备，只有简陋的教室，老师们开启了智慧的航船，每天早迎朝霞晚戴月，不知度过多少不眠的夜晚，师生们共同为梦想而努力。

在三年的高中里，困苦时常缠绕着我们：睡的是冬不防寒、夏不避暑的通铺小舍；用来照明的是蜡和汽灯；吃的是窝头、白菜汤；回家靠步行，同学们将之戏称为"11路车"。社会活动还很多，什么大深翻、修路、挖河港池，师生还"参战"盖学校的第一座楼。特别是毕业前夕，我们师生常以野菜充饥。在压力极大的情况下，师生们就这样完成了教与学的重任，老师在这片热土上洒下了青春汗水，我们学生在这片热土上磨炼了意志。

啊，母校！随着沧桑巨变，您已度过50个春秋了，步入了高龄。您培育的桃李已满天下，学子已成千上万。岁月沧桑，40年前您培养的第一届高中毕业生，而今已霜染白发，年迈花甲。您的培育之恩我们永远不忘，我们只想捧着一颗心向您献礼，我们一定发挥余热重晚节，坚守您给予我们的风格与信仰，为祖国奋斗终生。

我们师生在庆祝永中第一届高中毕业40年聚会时，谈论的中心就是您——母校。这次我们前往您的身边，想看看您的容貌，想寻找那时留下的身影和足迹。如今，您没有老，旧貌换新颜，还是那块热土上，层层楼房拔地而起，电脑房、语音室、电教房、新式礼堂、绿地鲜花、青松把校园打扮得十分壮观，学校设施更加完善，更具有现代

化气息。您更加自信，胸怀更博大，我们殷切地期望您能培养更多的优秀学子。

　　冯乃贤：永乐店中学1961届高中毕业生。

心灵的篝火——刘桂芝老师的故事

人们把老师比作"传灯人","灯"是知识,更是智慧,可仅此而已吗?灯有很多种,最为现代人熟知的或许是白炽灯、霓虹灯,但我总认为,这都不是"师之灯"。师之灯不只有光明,更要有跳动的火苗,那才是活泼泼的生命之灯,所以,更确切地说,师之灯是灯火,而"传灯人"传递的更是生命的灯火——它源于心灵深处,渐渐燃起,又绽放,哪怕身体陨灭也不会随之熄灭,它是心灵的篝火。

从刘桂芝老师的身上,我仿佛透过时光的瞳孔,看到了这堆来自一个普通知识分子心灵深处的篝火,它照进了我的心底,我坚信,它还将烛照未来!

"我的人生不应该这样"

刘桂芝老师的六年中学时光都在永乐店中学度过,从1955年入学,到1961年考入北京师范学院(即现在的首都师范大学),一个弱女子的志向就在这里萌芽。

她的父亲在北京市地毯厂上班,母亲裹着一双小脚在家务农,拉扯三个年幼的孩子,曾经因为年幼的妹妹没人照看,她还带着妹妹一起上学,一直持续一年。那时的国家百废待兴,每一个小家都是勒紧裤腰带过日子,孩子稍稍大了一些,就要分担家里的劳动。冬天里没柴烧,就要到处去捡,手露在外面,被割出一道道裂口。她至今记得,那时的母

亲一个人操持家里家外，下地干活，推米磨面，就那样一双小脚，一刻也不停地干着。她看着看着，忽然，有一天就对自己说："我的人生不应该这样！"她常常想，人类是靠什么走到了今天这一步呢？

老一辈人的勤劳朴实固然令我们钦佩，但他们的活法就是我们内心真实渴望的样子吗？或许绝大多数的人会延续这种既定的事实，而极少数的人会燃起一点异样，于是，不屈于命运的摆布，让这点异样燃烧在心中，烛照出心灵深处真正渴望的方向。而人类前行的历史或许正是源于这星星点点心灵的篝火。

所以，当时她就认定必须要好好读书。读六年级时她生了一场大病，当时她不知道是否还能上学，但还是毅然报考了永乐店中学。她至今记得看榜那天，街坊用一个小毛驴把她送到学校，颠簸了20多里地，她远远就看到了南校墙上红色的一片。她奔过去，一个一个看下去，班里40多个参加考试的同学，榜上有名的寥寥无几，忐忑、急切，终于在名字与名字间，看到了那三个熟悉的字——刘桂芝，她都不敢相信，但她看得真切，果真是自己。可是，命运似乎总爱和人开玩笑，有一天，她敬爱的同样在永中上学的大哥出了意外，那时交通不发达，她的妈妈挪着小脚走了几十里路到学校，可大哥因抢救无效，已被担架抬回了家里……从此，"永中"成了他们全家不敢提起的名字，而她却还要在永中继续学习。她曾经一度消极，学习也很难用心，经常生病，活动参加的也很少，所以，操行成绩被评为"乙"等。她甚至依稀记得，在老师讲《航标灯》课时，批评有些同学没有对红领巾的那一份炽热时，她还顶撞了老师，成了班里的"娇小姐"。她也知道因为哥哥的事，常常有人背后指指点点。家里的亲戚邻里都说："一个女孩子还上什么学呀。"可是，他的父亲却说："我也有机会去干好工作，可我为什么还在织地毯，就是因为我没有文化，所以，只要孩子想上学，我就是不吃不喝，也得让孩子上！"她的母亲依然那样全心全意、无怨无悔。此刻，那句对自己说下的话——"我的人生不应该这样"依然在心底燃烧，而且更加炽烈，是的，她有自己的目标，一切的凉风冷雨又怎能将此动摇。

到了高中，她开始释放心灵的能量，高一下学期就入了团。那年正是1958年，修路、挑土，到铁厂搬沙、浇铁水，深挖土地、种试验田……那时家家夜不闭户，人们每天都在辛勤忙碌着，期待幸福的日子马上米临，可事实我们也知道，接着就是三年自然灾害。但即使面黄肌瘦，她的能量依旧。她依然在如饥似渴地读书，每一次老师的鼓励，都让她看到自己还可以更好。她对俄语老师王贺臣念念不忘，不仅因为他的鼓舞，更因为他的学识和敬业精神。最后，她也是因为俄语成绩优异，而被北京师范学院俄语系录取。那些让她如数家珍的老师还有很多，语文老师李树林总是叫她朗读课文，说她能传递出感情；体育老师刘子玉知道她身体不好，让她免体；班主任石钟钦老师到她家家访，还自带干粮，让她在教师食堂熬药……那时永乐店中学的升学率很高，达到百分之七八十，这也是永中历史上的骄傲。在那个特殊的年代，这样一个学校，这样一群老师，为这样一个弱不禁风的姑娘助燃着心灵的篝火，让一切的苦难，都在希望的光明中变得暗淡，真好！

"听从党的召唤"

当你大学毕业，有机会留在北京工作，你会怎样选择？

当你就是土生土长的北京人，有机会留在父母身边工作，你会怎样选择？

　　当你体弱多病，几乎每个月都要去趟医院，有机会留在父母身边工作，你会怎样选择？

　　可是，1965年大学毕业的刘桂芝老师选择了到新疆，而且写了十次申请书，她笑着说："就差写血书了。"眼角绽开一朵花，那里写满值得与知足！她是那时家里的老大，依照传统观念，一个女子上学都是奇事，上了大学更是异类，大学毕业安安分分守在父母身边尽孝，帮着抚养未成年的弟妹，实在是天经地义，可是，她要到边疆去，因为党号召青年，"到边疆、到农村、到祖国最需要的地方，支援国家建设"。现在家庭聚会，怀念50多岁就去世的父亲时，弟妹们会说都是因为她去了新疆。但她分明记得，父亲说："如果是以前，一个工人农民的孩子，是断不可能有机会上学的，可是今天我的姑娘上了大学，学了知识，没有共产党，就没有她的今天，是党培养了她，她应该听党的召唤。"就连大字不识几个的妈妈也说："人家战士为了保家卫国都可以去，我们的姑娘怎么就不能去。"所以，一切的担忧只放在心里，全力支持孩子的选择。这样的质朴让我潸然泪下，这是怎样的纯粹？有了这样的支持，刘桂芝老师义无反顾，一头扎进了戈壁大漠。从此，她心灵的篝火不再只为改变自己的一生而燃烧，而是为了那片广袤的边疆，为了祖国尽早摆脱贫困。

　　她先去的是新疆军区生产建设兵团，被分到了兵团农学院教俄语。一般新过去的年轻人不能马上上课，但因为一个老师生病住院，所以她就代那个老师去上课。后来教学因"文革"而中断，她又被派往天山以南农三师开荒种地，同去的还有上海的几个知识青年。她们六七个人都住在地窝子里，地下挖进几尺深，搭上一溜大通铺，上面开个天窗，她正好住在天窗的下面，经常会有沙子漏下来，满头满脸，无处躲藏。白天要劳动开荒，主要是挖胡杨树，每天都有定额。每天都是与漫扬的沙和呼啸的风为伍，还要和那些见人就劈头盖脸而来的小咬（类似于蚊子）作斗争。他们拿布包头，还怄火驱蚊，结果有一次她把自己的脚烫伤了，后来还感染了。当地用水很困难，所以，他们还要挖水渠，以备雨季储水灌溉。

1969年，刘老帅又被调到了新疆军区生产建设兵团的48兵团子女学校，这是一个初中校，主要招收现役军人的子女。她原本应教大学生俄语，但是，这里不开设俄语课，于是她开始教不擅长的语文。忽然面对这么一群淘气的中学生，各种艰辛可想而知，但正如她自己说的那样："我是一个要强的人"，所以，凡事尽心尽力，即使教室还是地窝子，即使有诸多学生不听话，但她始终相信自己可以做得更好，因为，她的心里始终有跳动的火苗。所以，1970年年初请假回家结了婚后，她又风尘仆仆地独自回到了48团子女学校继续任教。有一次，讲着讲着课，她就晕倒在了讲台上，学生急着喊："刘老师，您怎么了，您怎么了……"后来发现她是怀孕了，原本羸弱的身体，再加上物资短缺，致使她严重营养不良。这之后，常会有老师到附近的集市上，给她买点鸡蛋和鸡肉，情况好转了很多。再后来她只要发现自己要晕倒了，就赶紧坐下来。即使这样，她都不会少讲一节课。

是什么给予了这样一个柔弱女子如此大的勇气和力量，是什么让这样一个孕育着另一个生命的母亲还能如此从容坚定，仅仅是单纯的理想抑或责任吗？不，这是一种信仰，对共产主义的信仰，这种信仰始终跳动着烈烈火光，一点点染成豪情万丈。

请为我唱一首出塞曲

用那遗忘了的古老言语

请用美丽的颤音轻轻呼唤

我心中的大好河山

那只有长城外才有的清香

谁说出塞歌的调子太悲凉

如果你不爱听

那是因为歌中没有你的渴望

而我们总是要一唱再唱

想着草原千里闪着金光

想着风沙呼啸过大漠

想着黄河岸啊阴山旁

英雄骑马壮

骑马荣归故乡

"我不是娇小姐"

1970年，刘桂芝老师告别了大漠青春，走向了人生的漫漫从教路。从此，已是燃烧健旺的篝火开始迸出一粒粒小的火种，一路播种，一路花开。

她先被调到河北香河县五百户中学。这是一所高中，离香河县城二十里地，离通县的家五六十里地，坐车回去得倒五六趟车。那时候每周只休息一天，寒暑假里也要培训。孩子只能交给她的母亲来带，等到老大3岁时，有了老二，母亲一人难以照料，她就把老二带到学校，在附近租房子请保姆照看。租的房子里没有炉火和烟囱，孩子总是半夜吃东西，奶粉不够，就总哭闹。晚上忙完孩子，白天再去上课，早自习7:00到班，晚自习上到9:30。暑假要集体备课，所以会把孩子也带上。那时，学校常常要勤工俭学，主要是给同仁堂做药盒，各个班级学生需要轮流停课一周干活，她那时也当班主任，教两个班的语文。轮上干活，就要一边给另外一班上课，一边陪自己班学生干活。至今她还记得，有个学生叫王力，他很聪明，也很能干，一会儿干完几个人的活就休息了。另外一个学生干活比较慢，但会一直干。当时她表扬了后面的学生，王力感觉不公平。现在回想起来，刘老师的声音有些哽咽，说："那时社会比较提倡韧性，坚持不懈，放在现在我就会表扬王力了。后来还碰见过王力，他回家务农了，说自己没做出什么成绩，没脸回来看老师——"一个负责任的老师，总是念念不忘他对学生的亏欠，但学生却永远想着给他争脸，这或许就是火种的播撒。在这种半工半读期间，她还在学校开设了红医课。为了这门课程，她自学《红医手册》，还经常到当地的卫生院去学习，背了很多针灸穴位，学生生病时还能给他们看病。就这样，晚上孩子，白天学生，每天的生活就像打仗一样，风风火火，一晃就是三年。

1975年，她被调到了安平中学，离通州县城近了，但是也有五六十里。在安平中学又是7年。孩子放在母亲那里，经常生病，有一次老二细菌感染，中毒性消化不良，送到通州，无法治疗，后来又送到301医院，很快安排了住院，才抢救回来。她请假回来，陪护半月，又匆匆而去。她是一个母亲，怎能不心疼孩子。可她还是一个老师。在安平中学，她代7个班的课，一周下来几十节，一个班40多人，可一个星期下来，学生名字大概都能记住，每个同学的作业本上，都有她的圈圈点点。她当时还当一个班的班主任，经常带学生去参加活动。

1982年，她调回了通县。当时，她的爱人所在的军械学校解散后又被调到了海淀区。她被分配到了大稿村中学，可还是照顾不了孩子，于是，老大就负责照顾弟弟的中午饭。她又教了三年初中语文。再后来又去了通州二中，终于可以回到她的老本行——教俄语。她说这是最轻松的三年，带两个班级，当时只有潞河、通州六中开设俄语课程，可她两个班的及格率和优秀率都超越了这些学校，其中有5个得了100分。1985年赶上评职称，当时她自己没敢报高级，报了一级，当看到一些资历较浅的老师都评下了高级时，她同组的同事们替她打不平，但她认为自己经常调动，没评上也没关系，因为她的学生已让她够知足。他们都管她叫"妈妈老师"，当时班级有孩子不穿秋裤，她说完后，第二天他们就会穿上。他后来调到了丰台，学生还会在暑假里从通州辗转去看她，她会给他们做凉面吃。可有一次让她很难过，孩子们为给她惊喜，去看她之前没有提前告诉她，正赶上她们一家去了远在西昌的爱人老家。她一想到大热天里，孩子们白跑一趟，就心疼不已。再后来因为经常搬家，也就没有了联系。

1988年，她从通州二中调到了丰台师范学校，这是一个培养小学教师的学校。当时校长一看她的简历，没用试讲，就直接录用了。她又教了语文，那时的语文包括语基和文选两门课程，她教语基。语基又包括语音、语义、语法、语汇、汉字、修辞、逻辑等内容，她虽然陆陆续续教过语文，但并没有对语基的专门研究，自己又不是科班出身，而且已年过半百，这又是一个不小的挑战。可是，半个世纪风风雨雨走过，她一直要强，没有什么能让她败倒，不会就去学！语音方面，她请教其他老师，其他老师也不清楚的，她就辗转去问同学，一个北大中文系的同学正好在国家语委就职，她便使用各种途径请教，终于摸出了门道。哪怕是一个简单发音，也是费尽周折。后来又遇到了逻辑上的问题，她就请教她表哥，因为他是师范学院中文系毕业，当时在教师进修学校工作，她就去借来教材，一点点自学。每天上课之前，她都要先给自己的爱人讲一遍。直到1996年退休，8年，语基方面她成了其他老师的老师。那时，她还当班主任，她认为师范学校培养的是老师，就不能单单交给学生知识，更要培养他们为师的品格和能力，于是，她让学生轮流当班主任，每周星期六晚上汇报。她每周晚上也会去几次班级，尤其是星期六一定会去，不管天气怎样。大风里有她踽踽的身影，急雨里有她歪斜的车辙，深雪里有她蹒跚的脚印，可每当走上这条周六听学生汇报的路，她的心里就会像春天艳阳里绽开一朵小花，因为她从他们的汇报中看到了未来如自己一样尽心竭力的灵魂工作者。她在长达四五十年的从教生涯中，用坚韧书写了"老师"二字，当她回首来路，生命的两旁遍开桃李时，她不用再去争辩——"我不是娇小姐"！

就这样，从稚气未脱的一句"我的人生不应该这样"到意气风发地"听从党的召唤"，再到用生命的全神贯注走过"我不是娇小姐"的为师之路，刘桂芝老师这个普普通通的知识分子，始终燃着心灵的篝火，并点

燃一枚枚火把，一路照亮，一路传承。

还记得张海迪在《心灵的篝火》中写道："物质是坚实的，如同大地，而精神则如同天空或宇宙，是柔软的，无尽头的空漠。人的脑实质就是这种天空或宇宙，有限与无限都在其中，人的脑实质是比自然界的宇宙还要广阔的。无穷尽地开拓成为人类永生永世的寄托。西西弗斯整日推着一块大石头上山，其实是一个哲学寓言，它是时间与空间的规则——周而复始，永无止境。"今天的我们，依然走在人类灵魂攀登的路上，一样坚韧，一样昂扬，"生命永远不会完结，我们的攀登也是如此"，生命不息，篝火长存！

以下是刘桂芝老师对母校的寄语：

永乐店中学的老师和同学们，我是这个学校的校友，从1955年到1961年在这个学校念了6年，对永乐店这块土地和这个学校都有深厚的感情。在1961的时候，我在这里高中毕业。当时永乐店的高考成绩是不错的，而且这个学校的校风很好，培养出来的学生能够爱党、爱国家，能吃苦耐劳，在各个工作岗位，都是好样的。虽然那个年代条件不好，但是都能发扬艰苦奋斗的精神，从老师到学生，都很努力。所以永乐店中学在通县的名声也是很好的。除了潞河中学，就是永乐店中学。现在永乐店中学的条件真是好，看了以后我非常震撼。从硬件到软件都很好。对于同学而言，同学们还是应该发扬艰苦奋斗、吃苦耐劳的精神，要勤奋，要坚持不懈，要有时代责任感，要好好学习，国家的希望还是在你们这一代身上。老师，你们很辛苦，现在教学和教育学生都比以往要困难多了，从永乐店中学来讲，地处农村，对于很多人而言，愿意去条件好的地方。农村中学办学还是有一定的困难，对于老师而言，这是一个不利的条件，但是我们就应该在这方面努力。当初我们念高中的时候，老师都是北师大、北师院、人民大学的年轻老师，他们热爱学生，所以成绩不错。咱们现在的老师，教学与教育学生困难更多些，因为各种原因，大家要辛苦些。我现在感慨，现在的老师，比我们那时候难了，从思想教育到业务，各方面都要提高自己。水平要比学生高多少倍，才能教学生。所以当老师，要让学生信服你。有权威，他们才能服从你，教育的效果才好。我觉得特别是在农村当老师更难。虽然未来的希望在学生身上，但是直接的责任、直接的希望还是应该放在老师身上。我还是希望大家努力拼搏。

我现在作为家长，理解老师很多的难处，当老师是很不容易的，理解你们。希望咱们的学校，我的母校越办越好，希望大家更加努力，进步更大。

刘桂芝：永乐店中学1961届高中毕业生，后考入北京师范学院俄语系。大学毕业后主动去新疆任教。后回京，先后任教于安平中学、通州二中、丰台师范学校。

素材整理：张红杰

执笔：赵燕青

庆祝母校五十华诞　寄语在校的小校友

　　金秋桃李喜迎门，一代更比一代强。母校在经历了几十年的风风雨雨之后，终于迎来了她的50华诞。我作为一名阔别母校四十载的老学生，能有幸参加建校五十周年的庆典活动，感到由衷的高兴。值此祝贺母校五十岁生日，为她五十年取得的成就而自豪，更希望她有个灿烂的明天。

树高千尺枝叶茂，铭记根系大地情

我原籍潮县镇许各庄村，1957年和邻村（靛庄）我的小学同学贺良臣一同考入本校初中，毕业后升入本校高中。1962年6月在蒋介石一再叫嚣反攻大陆的形势下，又一同自愿应征入伍。我先于他调回北京，先后在解放军军事学院和国防大学任教。他后来在部队晋升为我们入伍后所在团的团长，我们都习惯地称他是"我们的团长"。

树高千尺枝叶茂，铭记根系大地情。我们俩在一起时，时常提到我们能有今天，固然主要是因长期受军队这所大学校的熏陶和在部队党委、领导的直接培养教育下成长起来的，但我们的发展基础是母校，我们的成长根基在学校。试想，如果没有昨天的耕耘，会有今天的收获吗？如果没有今天的谱曲，会有明天的凯歌吗？学校和老师就是在播种明天，他们的劳动，决定着明天的收获。老师的贡献，可能并不那么炫目耀眼，而炫目耀眼的事业却都源于教师们的工作。因此，可以这么说，我们离开母校后的每一段成长进步，都是与学校和老师们的辛勤劳动分不开的，母校对我们进行的人生"基础教育"一直在起作用。我们不仅向老师们学习了文化知识，也学到了如何做人。当时有部分来自北京的师资力量，其中有的是刚刚毕业即离开学校，来到乡下，一心扑在教育事业上，而且工作得都特别投入。像当时教地理的张志明老师，他备课精细，非常注意形象化教学，讲课很有趣味性，把课讲活了，学生特别爱学；还有教数学的周锦新老师，她备课认真，精心施教，治学严谨，一丝不苟；再有像我们的班主任宋培宇和任自忠老师，非常注意为人师表，既教书，又育人，关心和鼓励我们战胜一切困难，完成学业，等等。这些良好的为师形象，我至今记忆犹新，这对我们后来的工作、学习和做人实践等，一直起着良好的促进作用。

回顾在校的学习历程，想想当时我们在思想上、品德上和学习上所取得的长进与收获，联系后来的成长进步，不禁深深感激当时为培养和教育我们而精心努力，不辞辛劳的学校领导和老师们。

大好时光莫错过，刻苦学习正当年

长江后浪推前浪，母校的学生一代又一代。在较早毕业的学生中，如今有的已经或将要步入人生的晚年，大部分还正在工作着，而真正赶上学习好时候的，而且也是最富有希望的，则是目前正在校学习着的青年朋友。我们这些过来的人，非常羡慕你们，因为相对于我们来说，你们赶上了学习的好条件，学习的好时候。值此校庆之际，我作为一名老校友，想对目前在校的小校友们多说几句。

紧跟时代要求，做新时代的好青年。你们作为21世纪的主人，应该牢记肩负的使命，绝不能辜负党和人民的期望。时代在前进，事业在发展。党和国家对各方面人才的需求越来越大。然而未来个人的发展、成功与否完全取决于受教育的程度。在个人的成长进步中，总会或早或晚地遇到需要你充分发挥聪明才智、展现自己人生价值的时候，关键看你是否具备了相应的知识和能力，去迎接挑战，展示才华，实现自己的抱负。因此，这就要求我们新时代的青年人，要不断提高自己的学习境界，一定要有读书学习的紧迫感和使命感，为祖国的繁荣昌盛而读书，为个人的成长进步和建功立业而读书。

知识是一个人的立身之本，是从事一切社会工作的力量源泉。知识的获取，固然来自多种渠道，但在校读书学习则是一个非常重要的方面。有人说一个人一生的知识的三分之一来自学校，三分之二来自后来的社会实践，但这"三分之一"却是后来不断提高的一个重要基础。如今素质教育时代和学习社会化，已成为京城教育界的两个关键词语。以提高教育质量为目的的素质教育，已逐渐从概念变为现实，首先发生变化的是课程。同时，素质教育的评价标准也有了新的界定，沿用了几十年的"三好学生"和"优秀学生干部"的评选办法增加了许多新的内容。这些无疑使我们进一步明确了素质教育时代"好学生"的概念，同时也对大家在校学习的内容和要求提出了更高的标准。这一切的目的就是为适应培养新时代人才的需要。

未来世界是一个催人奋发，引人竞争的世界。学问多了，就好比站在山上，可以看到很远很多的东西，多掌握一门知识，多学一种技能，在众多的机遇面前，就可能拥有更广阔的选择余地。一个人来到这个世界上总要做点什么，总要留点什么。要做、要留，除了发奋读书、多学习，孜孜以求、勤动脑、勤用手之外，没有别的途径。"一生之计在于勤"。来一趟人间不容易，不能轻抛光阴，要如陶行知所说："年无废月，月无废日，日无废时。"每个人都应这样告诫自己。

珍惜现在的条件，刻苦努力多学点儿。我们那时的学习条件，不论是学校方面的，还是个人方面的，远比你们这时候差得多多啦！单从个人方面的看，可以说那时候多数的同学都家境贫寒，其中部分同学是靠国家助学金的资助来解决吃饭问题的。可助学金又不是一开学就有的，一般要等一两个月之后才下来。因此，对个别特困生来说就比较难过了，为吃饭发愁、犯难，没钱订饭时就干饿着。即使助学金下来，也是有限的，最高的是每月七元钱，然而对极个别身无分文的学生来说，又不能把它都花在吃上，还要用它做一些其他必要的学习生活开支。为省几个钱，他们很少订菜，有时就吃咸菜，甚至拿窝头就盐吃。在穿的方面也只能勉强维持最低标准，都11月份进入冬季了，还没穿袜子呢，因为就那么一双，还得留着大冷天时穿呢！学校为解决部分贫困生的学

习生活资金来源，也在积极想办法，组织我们进行"勤工俭学"活动。如在课余时间纳鞋底子，到学校西边的窑地上给人家"出窑"，到西庄磨房以人推磨的方式加工米面。此外，学校还利用暑假组织部分贫困男生外出打工，到京西丰沙铁路线上的雁翅车站挑土筑路，等等。以上这几个主要的有偿劳动都是我亲身经历的，那个滋味，只有参加过的人才知道。比如"推磨"，在磨棚里，人围绕着磨盘，用力转圈推着，磨盘转动的嗡嗡声让人头晕，总想吐；还有"出窑"，砖还热着呢，一背六七十斤，顺着窑坡上来下去的，十分累人。

我们当时就是在那种背景条件下，为了求学、读书，吃苦受累地付出。好赖我们都是农村的孩子，还能适应，吃得了那份苦，受得了那份累。但从一定意义上讲，我们又是受益者。穷则思进，穷则思奋。有人讲："贫穷"在某种意义上说是一本好书。它能教会一个人懂得知恩图报，不会怨天尤人，知道发奋图强，给人以磨炼，给你一份与众不同的人生，激励你必须去奋斗。对此，我深有体会，所以非常珍惜个人的劳动所得。节假日回家，来往学校二十里的路程一直都是靠腿走。五分钱一场的电影，不看，知道学习条件来之不易，更加自觉地将钱都用在刻苦读书上。

1958年"大跃进"的时候，学校根据上级指示，为贯彻当时"教育与生产劳动相结合"的方针，大规模地组织学生走出校门，参加支援学校附近春种秋收的劳动。学校周围十里八乡的土地上，几乎都有我们的足迹。什么春天的插秧，中期的田间锄草和秋天的收割、打稻、深翻土地等大田劳动我们都经过、干过。我们那时候的学习、生活，用后来的话可以说是"丰富多彩"。除了学习外，就是劳动多，因而经受的锻炼多，吃的苦也多，但对学习却一直没放松过。尽管受到一些影响和冲击，学校则及时采取"堤外损失堤内补"的方法，"学习、思想、劳动双丰收"。学习是塑造人格的过程。正是有了那种学习、劳动的生活经历，才锤炼了我们的思想，磨炼了我们的意志，提高了我们的社会劳动技能，以及在相对艰苦条件下克服困难、适应社会、求生存的能力，特别是对我们日后的从军野战训练生活，确实起了非常重要的"奠基"作用。

如今你们在校的学习条件呢？远比我们那时强得多多啦！是啊，应该强，而且强得越多越好，但它和"学得好"不一定是完全成正比。学习的道路上是没有什么捷径可走，要想获得知识，非下苦功夫读书不可，这是"学得好"的关键。因此，我真心地希望朋友们要充分地利用好你们现在的有利条件，在学习上下苦功夫，力求多学点，学好点，力求将来比我们这一代更有所作为。

学习要"下苦功夫"，首要的是"下"，即定下锲而不舍的决心。人活着是要有点精神的，尤其是年轻人，更需要对自己多些逼迫意识，发奋图强，矢志而学。学习要"下苦功夫"，就要舍得吃"苦"。同学们一般不存在日常生活上的"苦"，有的只是学习本身的"苦"。然而同等条件下，人与人学习上的差距，很重要的就是看你舍不舍得吃学习的"苦"。学习是苦根上长出来的甜果，吃得苦中苦，方得甜中甜。古今中外一切有作为、有成就的人，无不具有超出常人的刻苦勤奋的毅力。以有限的时间和精力掌握丰富的知识，不下苦功不行。只有在学习上不畏劳苦勇于攀登的人，才有可能达到光辉的顶点。学习要"下苦功夫"，还在于"功"，需要下长功夫、深功夫、细功夫。首先是"吃透书本上的"，既要把"厚书读薄"，弄懂弄通其原理，把握其精髓，又要善于把"薄书读厚"，举一反三，融会贯通。尔后是要把它变成自己的，以知识指导实践，实现认识上的第二次飞跃，这才是学习的根本目的。

学习是一个永恒的主题。学无止境，即使将来走向社会，也仍然需要不断地再学习。特别是当今信息时代，科学技术飞速发展，知识日新月异，人们不懂、不会的东西很多，稍微放松学习就有落伍和被淘汰的危险，因此从现在起，就应该养成良好的爱学习的习惯。像南宋大哲学家、教育家朱熹提倡并身体力行的那样："无一事而不学，无一时而不学，无一处而不学"。其核心就是要人们勤奋刻苦好学。

珍惜宝贵年华，抓紧时间学出成效。人生历程中最宝贵的年华是青年和中年时期，特别是青年时期，务必要好好珍惜，抓紧时间多学点。科学家对智商测试的结果表明：人的一生中，思维最敏捷是在18岁～25岁；人在20岁以前的10年中，犹如雨后春笋，生机勃勃；到30岁左右，记忆力就开始下降了。因此，人生20岁左右是学习正当年的时候，是"开垦、播种"的早春。常言道"农时不可违"，那么联想到我们人呢，同样有个"不违农时"的问题。人的寿命可以达到七八十岁，甚至百岁以上，但"有效生长期"却不长。那种认为"时间有的是，现在玩个够，以后再刻苦"的"预支"行为要不得，那实际上是精神上的懈怠和对时间的浪费。世界上有许多宝贝，金钱是宝，美玉是宝，许许多多的特质财富都是宝。然而，唯有时间是宝中之宝，但时间也最容易被消费。高尔基说过："世界上最快而又最慢、最长而又最短、最平凡而又最珍贵、最容易被忽视而又最令人后悔的就是时间。"时代催人，岁月难再。人的一生是短暂的，"不勤于始，将悔于终"。时间就是知识。希望大家千万不要虚度年华，不做那种"黑发不知勤学早，白发方悔读书迟"的人，因为那样做失去的不只是年华，更是知识、才干和未来的成就。

人与人之间所以有智者与愚人之分，有成就者与碌碌无为者的差别，关键在于后天的努力，换句话说，就是对闲暇时间采用不同利用方式的结果。爱因斯坦是杰出的科学家，可用他的话来说，他与别人的差异主要是能充分利用业余时间。每个有成就的人，无一不是珍惜时间的人，因为只有利用时间，才能学习、思考、研究与创作。鲁迅先生有句肺腑之言：哪里有天才？我是把别人喝咖啡的时间都用在工作上。也有人讲，越忙的人越有时间，往往是这也干好了，那也干好了。为什么？因为他忙。而越闲的人越没时间，这也没工夫，那也没工夫。为什么？因为他闲。时间是人生的最大富矿，但采掘的方式不同，收获的大小也就不一样。

珍惜时间，对于在校的学生来说，除了课上努力认真学习外，主要是指珍惜课后的时间，即"八小时以外"的时间。我们要学习别人珍惜时间的精神，学习抓时间、挤时间学习的"钉子"精神。适当地看看电视、听听广播、打打球、活动活动是正常的，但不能过度，不能贪玩。应知学问难，贵乎点滴勤。虽涓涓细流，但可终成江海。要学会利用零星时间，如一二十分钟的空隙时间可以浏览几页报纸杂志上的文章；饭前、饭后可以钻研点新技术知识；乘车、散步时可以思考问题或背诵几个外语单词……诚然，一点一滴是微不足道的，但把无数的一点一滴积累起来，不是可以汇成知识的海洋吗！

　　据说在风景宜人的夏威夷岛上，学生们上课前都要做这样的祈祷："人的一生只有三天：昨天、今天和明天。昨天已经过去，永远不复返；今天已经和你在一起，但很快也会过去；明天就要到来，但也会消逝。抓紧时间吧！"这也是对我们每个人的提醒。富有时代感和责任感的今人，面对21世纪的钟声，应该自信地说：我绝不虚度每一分每一秒！

　　刘怀卿：永中1962届校友，国防大学原正师职教授。

激情燃烧的岁月

文学巨人季羡林先生曾经说过："回忆能净化人的灵魂，我至今仍坚持此说。你可以回忆你的老师，回忆你的朋友，回忆你的所有亲爱者，所有这一切回忆都能带给你甜蜜和温馨，甜蜜和温馨不正是净化和抚慰心灵的醍醐吗？"季先生这里的"一切"主要是指对人的回忆。我想对往事的回忆也是相通的。20世纪我曾在永乐店中学工作过十二年（1962—1974年），今天回忆起来仍是心潮逐浪，五味俱全。

初出茅庐

1962年7月，大学毕业后，我被分配到通县工作。到达通县的第二天，我们一行四人的行李被永乐店中学派来的马车拉走。我们乘上不能直腰的公交车来到了永中。杨德斌主任在南校的大柳树下热情地接待了我们。他简要介绍了学校的情况后，给我们分配了工作任务。其中，我

的工作是教高三年级和初三年级的历史课。当时，接到任务后的心情是既为一到校就受到领导的信任而高兴，也为即将面临的重任而紧张。当即决定迎难而上，放弃假期休息，抓紧时间备课。

另外三个同来的接受任务后回京度假，我则继续留在学校备课。当时的计划是先备高三的课，再备初三的课；高三的"中国现代史"须有详细教案，初三的"世界史"只要细纲即可；高三的教案储备不能少于12个，初三的教案须有8个。只要有了足够数量的教案，就能赢得课前复备和了解学生的时间了。经过近一个月夜以继日地冒暑赶写，终于按时按量地完成了计划。开学后，我正是按着教案的设计，满怀激情地登上永中的讲台，唱响了"汗水教案"的胜利之歌。

新的学年开课不久，校领导告诉我要听我高三文科班的历史课。我知道这是领导在担心我的教学功底和教学质量。我没有推辞，更不能拒绝。当时"政、史、地、体、音、美教研组"组长赵兴老师听到消息后，提出让我试讲，并为我预备一块计时跑表和一块写板书的小黑板。试讲时，由于黑板过小，再加上掐表没有经验，特别是由于只有赵老师一人听课缺乏教学氛围，结果不一会儿就讲完了，从而失去了试讲的意义。

第二天正式讲课。学校党支部书记、教导主任（当时永中没有校长）和教研组长等前来听课。我当时讲的课题是《中国工人运动第二次高潮》，我依照教案的设计，概述了"中国工人运动第一次高潮"的情况，描绘了"京汉铁路工人大罢工"的盛况及其领袖林祥谦、施洋的动人事迹，分析了工人运动的历史意义和经验教训。教学过程中，我如堤坝决口，洪水狂奔，很快讲完。上课时由于过于紧张忘记掐表，新课内容讲完后，下课铃声不响，我心急火燎，无奈之下我只好临场提出问题，让学生作答，直至铃声响了才告下课。

作为一名教师，如果不做班主任工作，就不能完全体会到教师职业的苦乐滋味，就难以深刻认识教师工作的真谛。在永中工作的十二年间，我曾五次做班主任工作。1963年，我第一次出任了高二（2）班的班主任。接任后我投入了很高的热情，清晨与学生同跑步，课间与学生同出操，晚上查看学生的自习和睡眠。对学生的好人好事大力表扬；对不良现象狠加批评；对困难者予以帮助；对生病者示以关怀……但一年下来，我不得不承认自己的第一次班主任工作是失败的。其教训是：班干部的培养和使用工作没有做好，班级骨干分子的积极性没有充分调动，特别是对学习这一要务抓得不够，致使班长因两科不及格而留级。

总结了首做班主任工作的教训后，我被安排去整顿一个影响较大的初中"乱班"。这个班情况的确复杂，没有正气，秩序混乱，教学难以正常进行，个别差生公开捣乱，班干部说话没人听，几任班主任见难而退。于是我带着沉重的使命感开始了治乱工作：抓干部，树威信；抓后进生，行家访，严要求；抓班风，批歪扶正；要求同学上课认真听讲，教室保持整洁……记得在工作开始的日子里，我每天几乎是"长在班里"。几个月后，这个班的顽疾基本得到治理，实现了乱亦能治，治而有法。这次治理"乱班"也算是我做班主任工作的一次成功。

精进不休

在我连续教了1963届、1964届、1965届三届高三文科班后，校领导让我改教了政治课。我知道这是领导对我的信任。我在高中讲过"辩证唯物主义常识""政治经济学常识"和毛主席的《关于正确处理人民内部矛盾的问题》；在初中一年级和高三年级讲过"老三篇"，即毛主席的《为人民服务》《纪念白求恩》和《愚公移山》。

讲"辩证唯物主义常识"等有生疏感，但不觉得困难。

我教政治课的时间虽短，但却碰上了硬任务。1965年的一天，校领导突然通知我说：国家教育部的几个同志要来校听政治课，让我做好准备。那时我正按上级要求讲毛主席的《关于正确处理人民内部矛盾的问题》。从接到任务到讲课只有两节课的准备时间，必须拿出一个应急的不失永中脸面的办法。当机立断，改变课型，将由平时教师独讲改为教师引导下学生讨论。

按我提出的问题进行讨论不仅是必要的，而且也是可行的。学生有一定的知识基础，对农村阶级状况有一定的了解，再加上他们尊师重学的一贯作风，分组讨论是没有问题的。首先我提出"社会主义制度确立后国内的主要矛盾""两类矛盾的性质及其处理方法"两个问题后，学生结合农村实际分小组进行了热烈讨论。小组代表为全班同学汇报后，我做简要总结。结果讨论课十分成功，对此我有自知之明："平时烧香少，急来抱佛脚；没有学生捧，哪会效果好！"

"文革"十年的绝大部分时间我是在永中度过的。今天回忆起来虽尚觉苦涩。但也有经风雨、见世面、明是非、炼意志、坚信念、见彩虹的甘甜。

1968年，学校恢复了我的教学工作。校领导安排我重教政治课，但被我拒绝了，我提出教音乐课的要求，理由是：永中的音乐课已经停课四五年，音乐设备都存放坏了；我校学生太缺乏音乐美的教育；我虽没有音乐天赋，但有一点识谱、奏乐、组织文艺宣传队的能力。校领导认为我的要求有理、可行，于是就同意了。说老实话，我知道自己不具备音乐老师的条件，为了避开政治课，只能冒险一试。我先是利用拉二胡的一点技能走上讲台。第二周学用风琴教唱，第三周又学着用钢琴教唱，我的音乐课得到了学生的鼓励和支持。我紧跟形势教唱《毕业歌》《大刀进行曲》等历史歌曲，讲解了不少乐理知识，举办过京剧样板戏音乐欣赏，还组织成立了文艺宣传队，在校内外进行演出。每当回忆起教音乐课的往事，我这个先天不足的音乐课"临时工"，不仅没有为"滥竽充数"羞愧，反而心中时生甜美。

告别永中

1969年，当我教音乐课兴致正高时，校领导让我外出编写中学历史教材。对"历史教材"虽有亲切之感，但对"编写"还是发怵的。我

接受了这一挑战，先后在县和市教材编写组参加历史教材的编写。经过近一年时间的努力，书稿终于完成。之后，市教材组开始调整，拟把全市各地抽借的编写人员大部分放回原单位，少数人留在市教材组，并要办理调动工作手续。我急了，找领导提出返回原单位，既是借调就应放还；我长于讲课，不善编写；我爱永乐店中学，思念家人；我爱农村，不喜欢城市。领导们最后给予了理解、准允。为了万无一失，我还请杨德斌校长给市教材组领导写了"永中需要我"的信。就这样，我带着"编写教科书"的光环回到了阔别两年的永中怀抱。

1973年，当我送走高中毕业班，接任初一年级历史课不久，县教育局和永中给我下达了到潞县中学任职的命令。这一命令犹如晴天霹雳，让人大惊。我拒绝接受，据理抗争；理由为：我出身不好，不宜当学校领导；我整天不务正业，养花养鱼打扑克；一家团聚来之不易，离开永中伤及吾心。我提出的三个理由均被县教育局领导驳回：家庭出身问题，三级党委已审查通过，应充分信任；爱玩不是错误，证明精力充沛；潞县离永乐店不远，可天天回家。我的三条理由被否定后，似乎再没有讨论的余地。然而我心中不服，决定去县里找文教系统最高领导说理。领导见到我后说："你的任命是县委书记点的名，我无权更改。"我只好又去找县委书记，不巧，无论在他家还是在县委办公室里均未找到他。天黑了，我只好泄气地乘坐末班公交车返回永中。既然拒调无望，木已成舟，只得离开心爱的永中，茫然地踏上了新的岗位。

回忆在永中的生活是一件令人高兴而向往的事。永中是我从事教育事业的起点，是我立业成家的地方。永中是我释放能量，激情燃烧的地方。在永中生活的十二年，我享受过成功的甜蜜和欢乐，也尝受过失败的苦涩和悲痛；我曾激情燃烧，也曾垂头丧气。今天所有这一切回忆确实都成了"净化和抚慰心灵的醍醐"。

　　我爱永中，爱她纯朴无华的校风；爱她识才、用才、惜才的博大胸怀，爱她坚持创新、追求卓越的时代精神。我爱永中，一息尚存定当"常回家看看"。

　　孟广恒：1962年毕业于北京师范学院历史系，1962年至1974年任教于永乐店中学，后曾任北京教育科学研究院历史教研室主任、全国历史教学研究会副秘书长。

永中追思

　　我是1961年从西集中学考上永中的，1964年毕业。那时没有小汽车，连自行车也没有。早晨我背上母亲给我做的一个星期的干粮，从西集大灰店走着到永乐店，50多里路，下午四点多才能到校。

　　那时的永乐店中学，是在永乐店镇西边的空旷野地里。学校分为南北校区。南校区是女生宿舍和食堂，只有中午吃饭时我们男同学才到南校区去。我记得南北校区中间还隔着一条小河沟，上面有一个木板桥。我们当时每天都是排着队，穿过木板桥，走上一个高坡，去南区食堂吃饭。我在队列后面，每天都会看到队列最前面的我们班的两个女同学，第一个叫张淑俊，第二个叫张淑英。张淑俊长得很漂亮，人也很聪明，喜好理工，是当时我们班的物理课代表。1975年我从日本回国后和后来成为我夫人的张淑英（在班上她们俩关系最好）一起去看望过她，后来

还请过她和她的丈夫吃饭，至今我们还有往来。

食堂吃的是什么饭呢？星期一至星期六全是粗粮，窝头和白菜汤。几个人一桌，提个桶打白菜汤，打回来一人一碗汤，就着窝头一吃完事。饭费是由桌长收的。没有过年过节的伙食改善，只有星期六中午才每人给两个白面馒头，吃完就回家了。每人每月要交饭费，1块多钱。为了省这1块多钱，很多同学都从家里带干粮，我每星期都从家里背干粮。

北校区是教学楼和教室。那个教学楼我记得是两层的，我没有进去过，好像是教务室和男老师宿舍。紧挨教学楼的是一个大篮球场，有很多同学经常在晚饭后打球。有时学校还举行比赛，我们班有个叫李学远的同学，绝对是个篮球爱好者，几乎逢场必到。后来到哪里去了就不清楚了。我是体育的门外汉，每次比赛只是在场外呐喊助阵而已。篮球场的北边就是一排平房，那是男生宿舍。男生宿舍内是南北靠墙两排木板通铺。迎门中间生个火炉，火炉由大家轮流生火添煤。冬天，每晚钻入的被窝都是冰凉的，用体温慢慢焐热。漫长冬夜难于入睡，我们就轮流讲故事，《三国》《水浒》、妖魔鬼怪故事……什么都有。每天一段，全体轮流，也是一件"猫冬"乐事。

男生宿舍西边是厕所。再往西又有一排平房，那就是我们的教室了。教室内有四排桌椅，每人一个小桌一把木椅。小桌下有个小斗，那是我们装书和文具用的。45分钟为一堂课。休息10分钟，上午四节课，下午三节课，重要课程如语文、数学、物理、化学、俄语都在上午。星期六上半天课，下午就可以回家了，有的路远或接近考试大家就不回家，准备功课。回家的，星期日下午回校。休息时，我们回家、老师们回城里（他们大都是从城里分下来的，城里都有家）。那时，初中考上高中的非常少，我们大灰店村除了我，还有一位叫李清汉，只有我们俩人考上了高中，考不上的只有回家种地，没有第二种选择，不像现在，

随便可以找到工作，到处去打工。所以我们考上高中的都非常珍视，玩儿命学习，没有在学习上偷懒的。高一是基础课，高二是深化教育，高三就自然形成理工文史了。有喜欢理工的，就多在理工上下功夫，有喜欢文史的，就多在文史上下功夫。我喜欢文史，自然在语文、俄语、历史、地理、政治上下功夫。我记得当时我给我自己定的"规矩"是，语文、俄语、历史、地理的考试分数必须是85分以上，数理化75分以上就行了。文史的85分是底线，一般应争取90分或100分。这样高考时应该没有多大问题。喜欢理工的，他们就在物理、化学等科目上下功夫，以便将来毕业时考对应大学。高三时由于这种人为分化，使得班上同学似乎像两个阵营。喜欢理工的，找物理老师刘肃非（我们的班主任）的很多；喜欢文史的，找语文老师马占凤的很多。同学之间，也是以理工文史为分界自然分开切磋。有个选择理工的同学，突然又改为选择文史，他找到我，问我怎样准备文史课程。我当时似乎还很自豪地给他讲了一大套。后来他到哪里去就不清楚了。

为了复习，熟记语文、俄语及数理化公式。为了考大学，星期六、日我常在永中西边的李良坟一坐一天地背外语、背中文。我不是学习的天才，我不善于在学习上"熟能生巧""灵活运用""举一反三"之类。我信奉死记硬背。外语单词不背下来，怎样也生不了巧。古人说"熟读唐诗三百首，不会作诗也会吟"。这"熟读"，我理解就是背。我背俄语课文，背语文课本上的好文章，我还将自己认为好的句子、段子整理出来背，在作文中有意识地进行运用。我从早晨背到中午，从下午背到晚上，就我一个人，只有静静的、沉默不语的李良碑石可以作证！我写诗歌、写剧本、写散文，很多作品也是我一个人在李良坟完成的。

李良坟中间是一座大坟，前面东倒西歪地立着很大的碑石。据说墓地原建有神道碑一座、麒麟兽一个、文武翁仲各二，还有马、骆驼、獬豸石雕等，是明代北京东郊较大的墓葬。当时神道碑已失，石雕保存较好。李良坟是明神宗皇帝的外祖父李伟的家族墓，李伟（1509—1583年），明永乐时落户永乐店。李良是李伟的先祖。嘉靖年间李伟之女入侍太子，生神宗。授锦衣卫都指挥金事，万历初加封中军都督府都督同知，晋爵武清侯。死谥庄简，葬于京西八里庄。李良坟是其祖茔。李良作为明朝皇家国丈，他的原籍就在通州永乐店。所以永乐店有李良坟，所以李良坟前才有资格拥有石人石马，李良本人就是永乐店人！李良坟就是"李伟家族墓"（家族墓为墓葬群），当地百姓俗称李良坟。"文化大革命"李良坟也难逃厄运，被毁得七零八落，现在是什么都没有了。万幸的是，李良坟的部分石雕，比如当年李良坟神道两侧的石像生就"生存"了下来，现在都被陈列在通州区西海子公园内。在西海子公园东北一角，专门开辟了一个区域，用铁栏杆围起来，里边就摆放着李良坟的石像生：马、羊、骆驼、麒麟，一对文臣，一对武将。不过都有被人破坏过的痕迹，令人想到那令人发指的岁月。

当时没有照相机，我虽然喜欢美术，但也没有画下当时李良坟的风景。凭现在的记忆，脑海中只剩下大坟、东倒西歪的石碑以及四周密不透风的玉米。我就是在这样的环境中背书、背单词、背公式的。

我的知识是老师们教给我的。我的班主任刘肃非老师、我的语文老师马占凤老师、我的数学老师周锦心老师，四十多年来，一直深深地印在我的脑海中，我没有忘记他们，因为，他们给了我知识！

要高考了。同学们为选择大学而找老师、找同学商量，每个人都可以选择三个志愿，比如第一志愿清华、第二志愿北大、第三志愿人大。我不和任何人商量，仔细看各大学的招生简章（都贴在墙上）。我看中了"北京对外经济贸易学院（后来的北京对外经济贸易大学）"。它的简章说"该校毕业后可以去五大洲四大洋作贸易"，选择条件有"身高

1.72米以上""五官端正"等。这"五大洲四大洋"深深打动了我这位农村土里刨食的孩子，我不知道什么是"五大洲四大洋"，但心中想，一定是不错的。我暗下决心，一定要考这个学校。为了保险，我三个志愿都填了这个学校！至今回想起来，还有点后怕：如果这个学校考不上，就一点选择余地都没有了，别的人还有第二志愿、第三志愿可以选择，我只能回乡种地了！不知我当时哪里来的勇气，就这样定了！也可能是"苍天有眼"或者是"皇天不负苦心人"吧，我考上了这个学校！上大学后我又三个志愿都选日语专业，大学毕业后分到铁岭，两年我就被调到大连担任日语口语翻译，两年后调回北京的中央单位中国机械进出口总公司，两年后派到日本常驻，走遍日本列岛，参观过90%以上的日本工厂，在中国出版了六本书，在日本也出版过六本书。我退休后又开始搞爬楼轮椅的发明等，那是后话。

我还要讲一讲我就读过的永乐店中学的所在地永乐店镇。虽然穷，但可是个响当当的地方！五十多年前的永乐店，是一个很小的镇子。只有一条脏而差、窄而短的街道，算是镇的主街了。街上只有卖油盐酱醋的小店，在街中心有一家小饭馆，三年中我一次都没有进去过，因为没钱。当时我们班有一位同学，他家有人在北京工作，他的零花钱不断，星期六我回家经过那个小饭馆，经常看到他在饭馆内靠窗一个人大快朵颐。看到这，我就想我要好好学习。最后据说那位同学考上了体育学院，搞长跑。可能就是因为他常去饭馆，吃得好，腿有劲吧。

就这样一个不太起眼的镇子，却是大有历史来头。永乐店这个美好喜人的名字，距现在已有600多年的悠久历史，明朝燕王朱棣曾驻军在这里，也就是历史上有名的"燕王扫北"，1403年他称帝(明成祖)后，定年号为"永乐"，并为此地御赐"永乐店"之名。明穆宗时，被尊为贵妃的李娘娘就出生在这里。明神宗继位，其生母李娘娘被尊称为

"慈圣太后"。

在永乐店据说不能上演《二进宫》。因为京剧《大保国·探皇陵·二进宫》把李良描写成奸臣、篡国大盗。话说明朝初期，太师李良利用太子年幼、欲夺大权。开国公徐延昭、兵部侍郎杨波极力反对，并与皇娘李艳妃发生争执。杨波调来军队保住皇陵，并第二次进宫说服皇娘李艳妃，李艳妃也已识破了李良的阴谋，并恳请徐、杨保护大明的江山。这是一个虚构的故事。但是，永乐店人仍然禁演。谁愿意自己家乡出一个篡国奸臣呢？面子，这是中国人看得比生命还贵重的东西。

我离开永乐店和永中几十年，一直没有回去过。2005年我从日本退休回来，去了一趟永中，把我在中国出版的六本书《日汉贸易词典》《旅日见闻》《日本技术纵横谈》《世界奇知一千零一夜》《世界最初事典》《日汉贸易词典》（第二版）和在日本出版的《日本语英语中国语 贸易用语词典》（第一卷）、《日本语英语中国语 贸易用语词典》（第二卷）、《日中贸易实务事典》（第三卷）、《日中技术工业用语词典》《日中对照 日本的生活》《日中对照 日本的社会》赠送给母校，我当时还赠送一面锦旗以感谢母校的栽培，内容是："赠母校永乐店中学——社会苗圃、大学摇篮"。

2012年永中60周年校庆，校方请我回母校，还让我上台讲话、启动奠基仪式，我心潮澎湃。我感谢母校没有忘记我这位曾经穷苦的学子，曾在海外工作生活近30年的孩子！我感谢母校！我怀念母校！永中万岁！

李荣标：永乐店中学1964届校友，曾任中国机械进出口总公司驻日本代表，因发明"爬楼梯"而被授予"建国以来百名优秀发明家之一"荣誉称号。

往事回眸

2001年12月8日是值得纪念的一天。永中1964届部分高中毕业生，在通州教师研修中心相聚了。参加聚会的还有我们敬爱的老师马占凤和刘肃非。师生见面时欣喜若狂，仿佛又回到了37年前的永乐店中学。

座谈会上，老同学念念不忘母校的培养之恩，对教育过我们的所有老师表示深深的敬意和怀念。高中毕业以后，每个同学都走向了不同的学习工作岗位。几十年来，老同学在不同的岗位上为国家都作出了应有的贡献，找到了自己的人生坐标。

1964届高三（2）班王玉海

在永中短短的三年时间里，学校那种艰苦奋斗、刻苦学习、不怕困难、百折不挠的精神，使我们每个同学都受益匪浅。我们深深地热爱母校，他是我们走向人生的第一个起点。

中午11点，我们1964届高中毕业生一行30余人乘坐永中的大轿车前往阔别了37年的母校。汽车在铺满积雪的公路上行驶，车外虽然寒冷，但车内却欢声笑语，老同学互相交谈分别后的学习、工作、生活、家庭。我也思绪万千，穿过时间的隧道，一幕幕30年前的场景浮现在我的眼前……

1961年正是国家三年经济困难时期，国民经济实行"调整、巩固、充实、提高"八字方针，教育战线也不例外。那一年，全县初中毕业生有4000多人，而只有一中、永中、师范三所学校招生，招生名额近400人，8个教学班，永中招两个班，生源遍布通县。生源比较多的两个学校，好像是西集中学和马驹桥中学。

当时1964届学生绝大部分来自农村，学生每月回家一次，用粮食换成粮票到学校入伙。到了冬季，很多同学为了不订食堂饭，从家中背来玉米面饼子、窝头、红薯、咸菜、炸酱。所以每当星期日返校后，学生宿舍里就充满了各种气味，如同到了副食品商店一般。

学校食堂的伙食也比较简单，每月每人伙食费大约6～8元。早晚是玉米面粥和窝头，中午是窝头和煮菜。每星期吃一顿馒头，算是改善生活。无论是夏天的煮茄子，还是冬天的煮白菜、煮萝卜，一律5分钱，由于那时贫困，菜里几乎看不到油星儿。那时，农村给学生的粮食定量较低，尽管每个同学的父母尽量为自己的子女多挤出一些粮票，但还是有部分同学的粮票不够用。经过班委会讨论，有些同学才能享受麦麸做成的窝头，这算作一种特殊的待遇吧。

我们男生住北校，女生住南校，冬季男生要拿脸盆去南校锅炉房打水，来回往返路程约400米。说是锅炉房，实际上是一口烧水的大锅，当同学用脸盆把温水端回宿舍时，水已经凉了。其他季节我们一直用井水洗脸和洗衣服。

　　冬季取暖时，学生宿舍用的是煤球炉子。每星期由宿舍长带领同学去南校抬煤球，总务主任刘老师亲自过磅秤。定量供给每个宿舍煤球，所以我们都精打细算，白天上课时把炉子封住，晚上自习时才把炉子捅开，让热气暖暖屋子。也许是因为年轻，那几年，我们并未感到冬季的寒冷。

　　由于绝大部分同学都来自农村，每个人都深知学习机会来之不易，所以刻苦学习之气蔚然成风。我记得那时几乎每个同学都有一个小本，小本子上写满了外语单词，有空就背外语单词，在吃饭的路上还互相提问，所以每当讲新课之前，同学们把所学的外语单词已经全部背下来了，达到了会读会写的要求。每当星期六和星期日时，教室里总是坐满了学习的同学，尽管没有老师，教室里依然很安静，同学们互相讨论问题时，声音也非常小，大家都很自觉，自制能力很强。

　　为了保证同学的身体健康，学校规定晚上上自习到九点半。当休息铃声响过以后，就给一个停电信号，十分钟以后，当熄灯铃再响时传达室值班人员就会把总闸拉掉。教室和宿舍马上变成一片黑暗。有的同学点着蜡烛还在教室里学习，也会被值班的老师抓到。

　　当时学习虽然紧张，但是我们也参加学校组织的各种劳动。教学楼前有一片菜地，课外活动时，各班轮流去推水车给菜地浇水。1962年暑假，我们部分高二男生参加了翻建学校礼堂的工程。直到高三时，学校才为毕业班开了绿灯，不必要的活动才不参加了。那一年，高三（2）班排演了话剧《箭杆河边》，当时在学校演出时引起了轰动。这些有益的活动促进了学生的全面发展，也是现在提倡的素质教育吧。

　　韩愈在《师说》中精辟地写道："师者，所以传道授业解惑也。"我觉得那时永中有一批热爱教育事业、业务精湛的老师。比如语文老师马占凤、外语老师王贺臣、数学老师周锦心、物理老师刘肃非、化学老师石宗钦……还有很多如他们一般的老师，尽管有的人并没有给我们教过课。

那时很多老师住在市里和县里，每月只回家一次，平时都住在学校。假日和下课时间，同学随时可以到办公室和宿舍找老师问问题。每个老师那种平易近人、和蔼可亲的音容笑貌，都给我留下了深刻的印象。

高三时，班主任周贺臣老师利用假日骑着自行车对每个同学进行了家访，我家住在马驹桥附近，周贺臣老师骑自行车回北京时，绕道去我家进行了家访，这是我父母后来告诉我的。

1964年高考的前几天，各任课老师还在给同学们进行串讲。高考时，当每科考完之后，所有的任课老师都会在考场外焦急地等待着。那种紧张的心情，就像自己的子女参加考试一样。那年理工科考生只考一个作文，要求考生写出关于《一捆干菜的故事》小短文的读后感。当我从考场出来以后，马占凤老师关心地问我："这个作文你是怎么写的？"当我回答以后，马老师满脸高兴地说："你这篇作文最少得85分。"

几年前，我上高中的女儿问我一道物理题。题目大意是一个初速度为零的自由落体，求2秒后物体下落的高度和末速度。有A、B、C、D四个选项。我马上指出下降高度是20米，末速度是20米/秒。在此我无意表明自己学习如何好，主要想说明永中的老师教得重点突出。而我在大学学的高等数学、导数、积分，却只记得"Y"和"S"两个符号了，其余的全部还给大学老师了。1961年到1964年，学校的书记是孙自凯同志，校长是杨德彬同志，团委书记是王文英老师。当时帝国主义联合反华的蒋介石集团妄图反攻大陆，学校对同学们的政治思想抓得很紧，经常由孙书记给大家作国内外形势报告，学校广播站每天转播中央人民广播电台的新闻。1963年，毛主席又发出了向雷锋同志学习的伟大号召。这些政治教育使同学们树立了正确的人生观和世界观，努力学习报效祖国的理想深深地印在同学们的心里，这也是激发同学们刻苦学习、努力拼搏的一种动力。诸葛亮在《诫子书》中提到，"才须学也，非学无以广

才，非志无以成学"，在当前的形势下，加强对同学们爱国主义教育是素质教育的重要组成部分。

我于1964年考入大学，那时同班同学来自全国各地，有北大附中的、地质学院附中的。交谈中地院附中的那个同学告诉我，他们班只考取了5个同学。我说我们学校升学率是80%，他不相信农村中学有那么高的升学率。当年全国高考招生只有14万～15万人，永中的升学率远远高出全国的升学率。

大学开学以后，我给所有的高中任课老师都写了信，不知老师收到没有。后来由于"四清"和"文化大革命"，以及其他原因联系中断，也是十分遗憾的。老同学相互见面，询问老师的情况，那种师生情义难以言表。

汽车在永乐店停下来，我的思绪一下被拉回了现实。大家用完午饭，在副校长王文亮的带领下，1964届高中校友参观了永中的校园。新建的初、高中教学楼、漂亮的学生公寓、实验楼、现代化的多功能教室。和37年前的校园相比，真是旧貌换新颜。老校友纷纷合影留念，以此来记住这次难忘的参观。

在学校组织的欢迎1964届老校友返校座谈会上，王校长介绍了永中五十年发展的历程，特别讲了改革开放以后，尤其是近几年来学校发生的巨大变化。展望了今后美好的蓝图，学校准备用几年的时间把永中建成北京市的示范高中校。大家都为母校的未来感到高兴。明年是永乐店中学建校50华诞，大家衷心地希望永中继续发扬尊师重教、艰苦奋斗、务实的学风，再铸永中辉煌。

王玉海：永中1964届校友。

快哉，标哥！（节选）

一

李荣标衣锦还乡了。

他是带着丰硕的果实和中国人的自豪与骄傲从日本飞回祖国的。

如今他已是闻名遐迩的贸易家、编辑家、翻译家和文学家。他的著作近千万字，他一个人编辑的多部大词典摆在了日本各大书店的明显位置，成为中日经贸往来不可或缺的工具书，为中日友好往来、经贸发展作出了卓越贡献。

他是祖国的骄傲，他是通州的光荣，他是我的好朋友，我的标杆。

和荣标第一次见面是在46年前的1962年。那年，我们通县师范和永乐店中学的几个青年组织了一次集会，交流创作感想。那时，我们刚从三年自然灾害中逃出来，个个面黄肌瘦。记得荣标也是面色清瘦，但他目光炯炯，侃侃而谈，言语中彰显出一种才气、一种豪迈、一种自信。临别，他送我一首他创作的小诗，形式像苏联马雅可夫斯基的梯形诗，写在一张很精致的隐格信纸上。

这一别就是44年。此后，天各一方，杳无音信。

2006年春节过后，我们两家时有聚会，每次都有他的夫人张淑英和我的夫人张果珍。我们四人谈得投机，饮得痛快。他得知我的夫人、女儿一家都喜欢文学，被称为通州的"文学之家"，也很愿意和我们交往。

荣标给我留下最深刻的印象是一个"快"字：办事干净利索，工作

效率极高，写作速度快得惊人，性格直爽，快言快语，就是喝酒，都是痛快淋漓，与众不同。

"主称会面难，一举累十觞"。荣标的酒量不算大，但他"风流肯落他人后，气岸遥凌豪士前"。第二次在他家小聚，他举着酒杯毫不客气地说："绍先，第一次在你家喝酒，你没管我够。今天必须喝好，我是'三中全会'。"

我喝酒、劝酒一概不灵。尽最大的努力，也不过二三两。荣标却喝了白酒喝红酒，喝了红酒又举起一瓶啤酒。他的夫人见他喝得面红耳热，劝他少喝一点。他说："不行，工作的时候，一点酒不沾。和朋友闲聚，就要无拘无束。绍先，你喝酒还放不开，酒要喝微醉，花要看半开。飘飘欲仙，那才达到了最高最美的境界。"

我们边喝边聊。荣标的话匣子一打开，想收都收不住。

40年的经历，40年的坎坷，40年的酸甜苦辣，从他的肺腑里喷涌出来……

"独上高峰望八都，黑云散后月还孤。茫茫宇宙无人数，几个男儿是丈夫？"荣标是个不可多得的"丈夫"。小时候艰难困苦的生活磨炼了他的意志；远大的理想、明确的目标、顽强的毅力，成就了他的事业。

二

美国人休斯曾写道："紧紧抓住你的梦想，一旦梦想消亡，生命就像断翅的鸟儿，再也不能飞翔。"

荣标就是抓住梦想不放的人。在高中毕业报考大学的三个志愿中，荣标第一个志愿是外贸大学，第二个志愿是外贸大学，第三个志愿，仍然是外贸大学。

终于，荣标如愿以偿地迈进了北京外贸大学的门槛。

1979年荣标到日本常驻，一到日本他就开始留意日本的社会，工作之余，他把所见所闻整理成文，最终出版了《旅日见闻》。后来，我国有人拍了一部纪录影片《走进日本》，就参考了他的这本书。

在这同时，他还想自己编一部《日汉贸易词典》。为什么编这本词典呢？因为这样的工具书是每一个从事国际贸易工作者的必备书。可是他跑遍了中国和日本的各大书店都没有买到。根据国际贸易的需要，他下决心自己编写。

1983年，这项艰巨的工程开始了。首先，他不断地从有关书籍及各类资料中搜集日语加中文的词条，要按日本的五十音序排列整理。如果把那么多词条都写在本子上，就无法移动了。当时没有电脑，怎么办？他灵机一动，从烟店买回了一大包二指宽五指长的卷烟纸。从此，他那不足十平方米的宿舍里，床上、地上、桌子上都摆满了写着词条的卷烟纸。他起床、睡觉、穿衣、走路都得小心翼翼，一不小心就会把词条弄乱。有时候，他为了找一张词条要满屋子折腾。直到1986年，三年多的时间，用了四万多张卷烟纸，写下了四万多个单词。接着，他仅用了几个月的时间按照日本五十音序排列。第三道工序是往稿纸上誊写。长时间的工作使他眼冒金花、头昏脑涨、手脚麻木、腰背酸痛，真是苦不堪言。

虽然很苦，但《日汉贸易词典》经过"十月怀胎"，终于"一朝分娩"了。

后来他又完成了《日本技术纵横谈》《世界最初事典》《世界奇谈一千零一夜》（翻译）和《日汉贸易词典》第二版。

荣标在驻日本的二十多年里，每天只留给自己六个小时的睡眠，所有的节假日都用在了写作上。他失去了和爱人卿卿我我的诗情，失去了

和女儿们"娇儿不离膝"的画意……荣标的生命枯燥乏味吗？不，"生命的小河要去征服宇宙，它伴着美妙的韵律，迈开婆娑的舞步，叩击着节奏，摇摆着身躯。生命的小溪，渗入世间的每一粒尘土，快速地穿过千万棵小草，滋润着数不清的枝叶与花朵……"

三

日月穿梭，春秋代序。青春倏然即逝，老年转瞬来临。

2002年年底，荣标退休了。

"告别操劳，回归府第。一身轻松。养花卉扮靓四季，豢宠物乐煞双耆。厮杀于楚河汉界，垂钓在河畔湖滨，云峰霞岭，尽情攀缘，竹径松林，放歌长吟。

"迎旭日，舞龙泉于公园；送晚霞，演太极于庭院。把酒临风，招朋聚友行令；含饴弄孙，尽享天伦之乐。"

这种闲适优雅的退休生活不美吗？多少人期盼之、向往之、迷恋之。

荣标认为：60岁是人生第二个春天的开始，他坚决反对"人生倒计时"的说法。60多岁，不应只有"省略号"，而应有"惊叹号"；不是"无边落木萧萧下"，而是"今年花胜去年红"。他深信一位专家所言："六十而立，七十而不惑，八十而知天命，九十而耳顺，百岁随心所欲而不逾矩。"他赞赏英国前首相撒切尔夫人65岁生日时站在椅子上向世界宣布："人生65岁开始！"

荣标虽已退休，但他的事业没有停止，他对社会的责任心和大爱没有停止。他又在很短的时间里完成了《日本语英语中国语　贸易用语词典》《中国语英语日本语　贸易用语词典》《日中贸易实务事典》的编著，并应日本国际语学社田村茂社长之约，写了《日中对照 日本的生活》和《日中对照 日本的社会》。

日本国际语学习社社长和编辑们对于荣标的工作效率和才气赞叹不已，当他把几本大部头的词典拿到出版社时，他们都惊呆了。他们说："类似词典这样大部头的书籍，日本需要几个大学教授或一个团队几年努力才能完成一部的，没想到你一个人却完成了几部。我想，日本人对于你的写作经历可能比词典内容更感兴趣。"荣标在日本出版了四部词典、两本书，其中五部都是在退休后不足一年中写的，那是几百万字呀，每个月也要合十几万字。

荣标无论在工作上，还是在著书方面，总是在智慧地思考着。他会将自己工作的点点滴滴积累起来，再查找研究，编成大辞典，方便更多的经贸专业人士；也会将生活见闻记录下来，让自己的书成为国人了解日本的窗口。

一个生活中的有心人，总能够将平淡无奇的生活过得精彩而有意义，能将日常经历变成智慧的源泉。

他的老伴张淑英因意外造成脚部骨折，到医院打石膏回来，荣标背老伴上楼，背到二楼已是大汗淋漓，没了力气。望着五楼的家门，如同咫尺天涯。这时，他突发奇想，要是有台爬楼椅不就解决问题了吗？

荣标觉得应该马上做这件有益于人民的事。但他是搞国际贸易的，搞发明创造还是开天辟地第一遭，能行吗？荣标是不会向"不会做"投降的。他经过无数次的设计、无数次的修改，终于在2007年9月，制造出第一台爬楼椅来。这台爬楼椅不仅能坐老人，还可以坐残疾人、病人、孕妇等，不仅能上下楼，也能平地行走，坐人载物都没问题。它体积小，重量轻，可折叠，携带方便。

2008年9月11日，中国国际福祉博览会在北京召开。来自16个国家

和地区的上千类康复设备、无障碍设备及设施在博览会上亮相。荣标带着他的爬楼椅和国家专利证书骄傲地亮相在展馆最显眼的位置。参观的人争相试坐，采访的记者络绎不绝。次日，《京华时报》头版刊出的唯一一幅大照片，就是荣标的爬楼椅在表演负重上下楼。

"如果享受工作的乐趣，那么人生是天堂！如果工作是义务，那么人生就是地狱"。生活在工作天堂里的荣标，那样地快乐。他虽然已过了66周岁，但是依然神采奕奕，容光焕发，动作矫健，思维敏捷。仿佛还有许多的事情等着他去做，仿佛没有什么事情他不能做。

"自信人生二百年，会当水击三千里。"

荣标拼搏了40年，他的每一年都是三四年的工作效率。算起来，他的工作生命必定会超过200年。

快哉，标哥！

胡少先：中学语文高级教师，中国诗歌学会会员，中国硬笔书法协会会员。

我的恩师——马守柱

教师节来临，我给远在100多里地外，已退休的恩师马守柱打了个电话，关心了他的生活起居，并送上我这个老学生的祝福，当听到电话那头老师爽朗的笑声，我心里踏实了。

我的恩师马守柱老师今年八十有五，是永乐店中学的美术教师，他早年毕业于通县师范学校，老家是河北省蓟县穿芳峪乡刘庄户村。

在我上学的第一节美术课上，我认识了马老师。我觉得他温文尔雅，不苟言笑，但他讲的课却深深地抓住了我的心。后来我了解到老师的艺术造诣很深。再后来我主动加入了学校的美术小组，得到了老师的帮助，我也更了解他了。

马老师从20世纪50年代开始工作，一直没有离开过永乐店中学。通县教育局、文化馆都曾发函调动他，但他不为所动，他是深深地爱上了永乐店中学，他要让这里的农村娃学到更多的知识。他用自己的真才实学，培育出了一批又一批的对社会有用的人才，他的学生遍布全国，为社会作出了贡献，其中不乏佼佼者——美术编辑、工艺美术师、优秀美术教师、美术工作者，等等，他们中有的人的画还进入了人民大会堂。

老师性格温和厚道、不张扬，从不夸夸其谈，与人不争，只默默地工作，正因为如此，他得到了广大学生和同行的爱戴。他的这些优点更得到了领导的信任。对此我深有所知，在他善意的引导下，作为他的一个普通学生，我改掉了许多个坏毛病，比如浮躁与顽皮，等等，并树立起努力学习的自信心。

记得一次写字课，老师看我学得不认真，字写得不好，就毫不留情地举起我的大字本让同学们看，郑重地批评了我，羞得我无地自容。事后老师单独找我谈话，开导我，细心地给我讲道理，使我端正了学习态度。

我一有空就往美工室跑，平日业余时间，美工室里总是挤满了人，老师从没烦过，总是笑呵呵的，有时我回不了家，老师还给我打来饭菜；有时回家天气太冷，老师就把衣服脱下来给我穿，可老师有老寒腿，必须穿棉裤套皮裤。为了提高我的绘画水平，老师曾利用假期带我去北京学习，一去就是半个月，吃住都不用我花钱，老师的关心让我感动极了，使我增强了学习的动力，他就是我的恩师。

师者，授业解惑。马守柱老师做到了有教无类。记得20世纪60年代永乐店农场在永乐店中学举办农业学大寨展览，来了几个城里的美工，工作中他们有好多不懂的地方，马老师就手把手毫无保留地教他们。老师很快成了他们的好朋友。他们深有感触地对我说："你好好学吧，摊上这么好的老师是你的福气。"永乐店的从玉宽年轻的时候喜欢唱戏，岁数大一点耳朵聋了，听不见胡琴，想改学画画，可他没有基础，画不好，托人找到马老师，马老师爽快地答应了，让他和我们一起练习基本功，老师亲自给他做示范，后来他画得越来越好，还小有名气，他本人特别高兴，非常感谢马老师的悉心指导。

老师热爱家乡，记得在 1967 年，我第一次随老师去他的家乡，临走前老师去南堤生产队买了两只优质的小猪种，我们师生俩把猪放在自行车后边儿，骑了 200 多里的路程，有一半儿还是陡坡路，真累得我够呛，一进家门就摔了我一个"趴虎子"。腿都不管用了，手脚没洗，吃两口饭就睡着了。我以为小猪是老师家自养，直到第二天村里的生产队长来送钱，我才知道原来是老师为了改良村里的猪种自掏腰包为生产队买的，就听老师用纯正的冀东话对队长说："表哥哇，咋见外了呢，我不也是咱村儿里的娃儿吗？"师娘也在一边帮腔说："不能收啊，这是应该的呀。"事后我问马老师："师娘的思想境界怎么也这么高呢？"老师笑着说："人家少年时是儿童团员，打鬼子给八路军送过鸡毛信呢！"

老师多才多艺，听一位领导说，1958年永乐店中学盖教学楼，图纸就是马老师画的，马老师还亲自带学生劳动。老师会养蜂，当年画家金华林家孩子多，生活困难，老师帮他们家建起了蜂场，渡过了难关；同

事刘肃非老师家孩子上学钱不够花，老师不但帮他建起蜂场，还赠送蜂种……这样的事还有不少，他思想境界可见很高。

我回村劳动那年月，文化生活单调乏味，渐渐喜欢上了看书，日子久了，就有写点什么的想法。那年领导叫我去县里参加写作培训，我怕扔掉绘画老师不乐意，没想到老师知道了，积极鼓励我去，他说："应该去，艺不压身，触类旁通。"果然，听了大作家浩然同志的报告和指导，我受益匪浅，对于绘画也又有了更深一层的理解。可见，老师的胸襟和见识非一般人可比。

老师退休回了家，也没有扔掉本行，他给坦克师画的巨幅油画《开国大典》棒极了，画中的领袖神采奕奕。老师的二儿子患过大脑炎，留下了小儿麻痹症，但老师把他培养成了绘画高手，他的二儿子后来名气很大，冀东几个县的水果罐头包装、点心匣、广告设计等都出自他手。他曾经在天津绘画大赛得过奖，并自办美术班培养人才，有的人考取了天津美术学院。

老师还在自家院中养花种树，园中花草美不胜收。它培养的龙爪槐头上直径四米，顶上平平的，几个小孩儿可以在上面玩耍，这棵树被天津公园花重金买走，放在公园明显的位置，游人一见纷纷称奇。还有一株大紫藤也被买走了。老人家说："人离不开大自然，没有了绿色就没有了生命，你不见花草虫鱼都喜欢水，人类岂能除外！"我想这不也是当下我们所提倡的一种生态观吗？

老师的家我没少去，老师到永乐店也必须到我家看看或小住，和在自己家一样，他就是我们的亲人，孩子们更是追着他叫"马爷爷"。老师还不闲着，不是指导我画画，就是教我配制波尔多液、石硫合剂等，要不就是帮助果树剪枝，那咔嚓咔嚓声配合着干练的动作，不就是一个熟练的农艺师吗？老师还从老家给我带来了优质种苗，老师说："这杏三个就一斤，甜极了。"我那年养牛，无奈把树给刨了，这也成了我心中的一大憾事，想起来就后悔。

如今，老师已是耄耋之年，不愿远行，我虽还愿接他小住，多听他的教诲，但仍如他所愿。我想他不能离家的原因之一是现在好多学生都去看他，现如今，在永乐店中学读过书的学生好多已经满头白发，但他们还组团去看望更老的老师，这已经形成了一道亮丽的风景。马老师虽然老了，但对他教过的学生背起名儿来一串儿一串儿的，我真佩服他。我现在有什么大事，还愿意向他请教。他曾笑着对我说："我教过的学生里面你是最调皮的，也是我最忘不了的。"说完，爷俩都哈哈地笑了……除了学生，同事也去，北京著名美术教育家华敬俊教授常去看望他，二人一坐就是半宿，促膝谈心、抒情论艺。

现在提笔写起老恩师，我真是心潮起伏，万分激动，我祝愿马守柱老恩师健康长寿。

张士祥：永中1966届校友。

我的三位美术老师及其他（节选）

我生于 1941 年阴历九月十九子时，我从小生活在农村，老家是北京市通州区张家湾镇里二泗村。我从小喜欢画画，画想象画或临摹画报，但直到小学毕业也不知道什么是素描、什么是色彩。初中我在永乐店中学住校，有了很多空余的时间，我参加了美术组。美术老师马守柱是通县师范毕业的，他也是学校美术组的，他们的老师是专业学美术的。我从马老师那里才获得一些美术的基础知识，马老师是我的启蒙老师。他对美术组的十几个同学特别好，他的宿舍就是美术组活动室。实际我们只要有空余时间就会到他宿舍，看他的美术杂志和美术方面的书籍。他指导我们画素描写生，有时让同学当模特画肖像。我那时对明暗的理解也是表面的，不知道画结构。但是，在 1958 年通州搞展览，我有幸两次见到中央美术学院学生的画，使我大开了眼界。一次马老师从展览会上带回两幅画他的肖像，一幅是通州文化馆田振亚画的，他是我们村的业余画家；另一幅是中央美术学院学生画的。虽然都

林殿惠为母校绘制 1958 年校园图

像，但技法悬殊。美院同学的画，块面清楚，形体结实，刚劲有力，一看就是学院派的。另一次是我到展览会去帮忙，我看到中央美术学院的一位学生正在画表现毛主席视察农村的大幅油画，肯定不是临摹，因为周围没有小样。他画画的情景和画面的逼真让我震惊了。从此我下定决心要学美术了。初中毕业时，美术学校提前招生，我报考了北京艺术学院附中美术科，那天马守柱老师亲自带我去参加考试。在初三统考前，我就惊喜地接到了北京艺术学院附中的录取通知书，从此进入了专业美术学校学习了。

林殿惠：1959年北京市通州区永乐店中学初中毕业。1981年至2001年在农业农村部《中国农垦》编辑部任副主编、副编审。

六〇年代芳华

眼前的老人，满面和善，朴实无华，他就是1962—1968年就读于永乐店中学并在1976—1979年回校任教的高德亮先生。

在他的娓娓讲述中，我仿佛看到了六〇年代的两种颜色：一种是绿色，绿军装、绿书包，以及永远昂扬着生机与天然的绿色生命；另一种是红色，红五星和一颗永远蓬勃炽热的红心。它们虽然鲜亮夺目，却代表着颜色的本初，所以，在它们的交织纽结中，亦可见一路而来的自然。

那时的永乐店中学也很年轻，是初中和高中都有的完全中学，校园分成南北校区：南校食宿为主，北校教学为主。中间被一条水沟隔开，沟上有桥，由水泥板搭建，没有栏杆，水里有鱼，周围种满了庄稼，学校校门西侧是李良坟，散落着残损的石像，有些神秘，却皆融于自然。

那时的学习也很自觉，没有家长逼迫，没有花里胡哨的课堂，也没有排名，只是教师讲授、学生做题，考上了就继续念，考不上或没有

两块钱的学费就回家种田。那时通州只有
两所中学，潞河在北，永中在南，能在学
校附近上学的就走读，不能的就要提前一
天，包裹着书本和干粮，步行到校住宿，
不管有多少里地。因此，每到冬天，班级

生炉子的事就由走读生轮班儿负责，轮值的学生为了不影响一天的课
程，往往要四点就起来，顶着冷风到学校。当然，住宿生也不能做懒
虫，而是早早起来在校园的操场或小树林里背书。那清新嫩黄的小树，
那霞光万丈的朝阳，那逆光的剪影，还有那琅琅的读书声……这幅画面
自然不独属于六〇年代的永中，而是遍及中华大地，就像那首广为传唱
的歌曲《校园的早晨》所吟唱的。接下来是一天的课程，设置也很齐
备，语、数、外、政、史、地、理、化、生，基本与现在相同，只是那
时的外语学的是俄语。也许是因为那个年代学习资源太过匮乏，所以能
有学上就自然更加珍惜，晚自习从来都是自发的，学生会自己结成学习
小组，或自修或讨论。教室也是开放的，像现在的大学自习室一样，初
中、高中的学生都有，大一点的学生有时也会辅导小一点的，小一点的
自然也会带着一份崇拜不时求教。一切都是那样和谐自然，一如那时家
里多个兄弟姐妹的相处之道。那时的教室是平房，多是泥墙，所以常常
是墙皮掉的乱七八糟。为了迎接新同学，高年级的学生就自己和点泥抹
上，爱心与责任心也是如此质朴，不着痕迹，却感人至深。

　　所以，今天，当我透过一双七十多岁老人的眼眸来回望那段岁月里
的学习时光，看到的是满眼绿色，一切都是自然而然，却蓬蓬勃勃。

　　那时就连热闹也是如此简单，只是去，而不必问为什么，或许这也
出自人天性里的自然，源于那一脉鲜红正在奔腾。

　　那个年代自然还是与土地的亲近，虽然贫穷和饥饿如影相随，但

土地中的劳作谁都要承担。所以，在他们质朴的心中，劳动就是天经地义，没有谁会叫苦连天。尤其到了播种和收割的季节，哪里要平坟整理土地，哪里要捡拾麦穗棉花……几里到几十里，只要生产队忙不过来，学生就浩浩荡荡地从学校出发，带着干粮、喊着号子、唱着歌一路开过去，热火朝天，不知疲倦。

也许一个人无论如何渴望特立独行，但终究也抹不去时代的烙印。所以今天的我们或许无权指点当时的是非，但带着一份向历史学习的心，郑重地望向那片烟尘渐落的岁月，仿佛看到了不变的自然，那自然里写满青春的主旋律——热忱地拥抱生活的每一天，学习、运动，抑或劳动。

也许正如农村不变的底色是土地一样，自然也成了永中这所农村中学的底色。

高德亮：永中1968届校友，1976年回校任教。

素材整理：刘建

执笔：赵燕青

一路深情

　　三十载薪火相传，一甲子今昔梦同。窗明几净的永中图书馆里，永乐店中学的老校友、老干部，曾任永乐店中学副校长的王文亮老师坐在我们对面，精神矍铄，气度不凡。"这人生啊，真是太快了！"老人无限感慨地说。由1968年到1972年五年的永中求学经历、由1987年到2013年27年的永中工作经历、退休至今为推动永中校史馆建设依旧在

发挥着余热的奉献经历……老人动情地回顾了与永中的半生过往、一路深情。

求学之路，幸得良师

学生时期的王文亮老师在永乐店中学求学五年（初中三年，高中两年），那时的永中条件设施落后，但是学生的学习热情很高。来自周边各个村镇的农家孩子心怀改变个人命运和家庭命运的梦想，来到永乐店中学，克服各种困难，坚持读书学习。回忆起那段岁月，王老师谈的最多的，是他的老师。

李浩老师，是王老师的数学老师。这位毕业于北京大学数学系的才子在那个特殊的年代因被打成"右派"，被"下放"到偏远的永乐店中学执教。这是一位颇富传奇色彩的老师。"这李浩老师啊，是一个全才，我对他特别熟，我们俩人聊天有时候聊到夜里两三点！"据王文亮老师回忆，李浩老师身材魁梧，体型高大，气宇轩昂，是有名的运动健将，高中时期就代表河北省队参加过全国运动会。四肢发达，头脑亦特别聪明！李浩老师高中时期因频繁地参加各级各类运动会，基本没怎么学习文化知识，高考前只用一个月的复习时间，却考出了唐山市第一名的优异成绩，被北京大学数学系录取，他的同学很多都是世界有名的数学家。被打成"右派"后，来到永乐店中学任教的他以自己聪慧的头脑和独特的个性魅力影响着几代永中学子，也影响着青年时期的王文亮老师。王老师说，李浩老师热爱教育，对学生真诚，教初二时，班里的一名学生不念书了，他骑着自行车去学生家里，用自行车将学生驮了回来。这位同学后来走出了乡村，考上了大学，取得了很了不得的成就；他周末在学校做饭，叫着学生一块儿吃，在清贫的年代里给予了学生最实在的爱。他个性独特，为人耿直，言论无忌，性情幽默，生活简朴，不拘小节，学生由衷地喜欢他、热爱他。李老师后来在东北大学秦皇岛分校任教，退休后又应邀去厦门大学任教，但始终与永中的学生保持着密切的联系。"我们无所不谈，开玩笑，闹着玩"，王老师与李浩老师之间早已超越了普通的师生关系，不是亲人，胜似亲人。提起李浩老师，老人的脸上洋溢着笑容，那回不去的年代仿佛浮现在眼前，斯人已逝，遗憾后辈未能一睹其风采！

王老师如数家珍地提起了上课从不带教材、对历史倒背如流、外号"孟铁嘴"的孟广恒老师；18岁参加工作、把《从百草园到三味书屋》讲得如生动故事一般的张瑞玲老师……每一位传奇教师都承载着永中的精气神，是他们给王老师、给永中留下了宝贵的精神财富。

在老人的深情讲述中，我们何尝不能感受到眼前这位可爱的老人珍视真情、感念师恩的内心！真诚、淳朴、爱生、敬业，这些良师的濡染，给了王文亮老师下一个人生阶段以指引，由课桌到讲台，他也带着老师们赋予他的精神品质，去完成新一轮的执教使命。

永中执教，身正为范

　　曾经的永中学子手执教鞭走上了三尺讲台。那个曾经参加过支援劳动、生产队干活挣过工分、割过草、喂过羊、摘过野菜的年轻人深知农村求学之不易！

　　王老师对待学生充满温情，对待同事和下属亦是充满温情。曾经永乐店中学的初中撑起了永中的半壁江山，因那时候的很多孩子初中毕业不上高中，希望考中专，转户口，吃商品粮。永乐店中学的老师来自全国各地，20世纪60年代就有来自四川、河北、厦门等各地的老师。"他们把全国各地的文化都带了过来"，王老师如是说。（如今的永中教师构成更为丰富，这似乎也是一种特殊的传承，体现了永乐店中学兼容并包的特色。）王老师走上领导岗位后，以身作则，身正为范，用真心爱护学生，把年级组带领得关系融洽，老师之间、师生之间非常团结，所带年级成绩特别高。他带领着老师们不计功利，默默无私地奉献于教育事业，让偏居一隅的孩子们有机会走出去，去看更为辽远的世界！他关

心家在外地的老师，在生活和工作上给予他们诸多帮助；他鼓励老师们踊跃地执教毕业班，实现职业价值和人生理想。他所引领和扶持的许多老师至今依然是永乐店中学的中流砥柱。王老师在教育岗位和领导岗位上也获得了诸多荣誉，如"区级优秀教师""优秀党员""优秀教学管理奖"等。金杯银杯不是老人所在意的，学生和同

事的口碑才最能展现老人的风采。在永乐店中学，提起王文亮老师，熟悉他的人都会情不自禁地竖起大拇指。采访过程中，他提到的最多的一个词就是"真诚"，他自己为人真诚，他也教育学生要真诚，引导着老师们要真诚。真诚做教育，真诚做人，真诚，是老人最浓重的人生底色，永远熠熠生辉！

退休赋闲，心念永中

2013年，为教育事业奉献半生的王文亮老师光荣退休了。近年来恰逢永中校史馆如火如荼地建设着，老人放弃退休后悠闲自在的生活，义无反顾地为母校献言献策。只要母校有需要他的地方，他就毫无怨言地奉献自己的余温。他遗憾于老校园里一座教学楼被拆毁，老人痛惜地说："这座楼曾经是永乐店周边方圆几十里内唯一的楼房，当初哪怕留下几块砖作为纪念也好啊！"对母校的深情关切溢于言表。为支持永中校史馆建设，老人多方奔走，呼吁老校友向学校捐献老物件，他本人亦将珍藏许久的珍贵的老物件捐献给母校，作为一段历史的见证，供后人瞻仰纪念。这一次，他又带来了一百多张珍贵的老照片捐献给学校，心念永中，不遗余力。王老师说，永乐店中学为通州教育作出了太大的贡献。如今的永乐店中学今非昔比，硬件设施可谓一流，美丽的校园环境在北京市首屈一指。未来的永乐店中学，机遇与挑战并存，只要永中师生继续发扬老一辈永中人吃苦耐劳的精神，永中的未来一定会更加美好。

求学——执教——退休，我们看到这位可爱的老人对母校一如既往的深情。王文亮老师以及所有像王文亮老师一样的老一辈永中人就像永中历史的活化石，代表着这所学校的精神底蕴，记录着一个时代的沿

革，构成了永中厚重的根基。新一代的永中人，必须将这种精神底蕴传承下去，继续艰苦奋斗，继续自强不息，继续一路深情……

王文亮：1987—2013年任职于永乐店中学，曾任永乐店中学副校长。

采访：任智安、翁冠男

材料整理：翁冠男

执笔：翁冠男

给他成功的机会

我曾经遇到这么一位学生，他叫李成，理科成绩很好，文科成绩却十分糟糕。他在年级中是个出了名的小玩闹，在班内经常搞些恶作剧，他经常不做家庭作业，特别是文科作业。每次老师问他，他总是一句话："忘记了。"我接班后多次找他谈话，从谈话中了解到，该生对文科不感兴趣，导致文科成绩在班内一直处于末位，渐渐的，也就对文科有一种发怵的感觉，心理上也就产生了自卑感。我反复思考如何教育引导他，使他消除自卑感，提高他的文科成绩，增强他的自信心，如何以此为契机，把整个班级的成绩提高上去。终于，我想出了一个办法。

一天下午放学后，我悄悄地留下了李成，与他并排坐在教室里，微笑着说："你今天晚上的作业是预习下一篇内容，我明天上课时检查，我想让你向徐欣同学提出挑战，和她比试比试，看谁预习得好。""不行，不行，徐欣是文科尖子，理解文章内容是最快的，我没法儿比。"李成低着头，赶紧推辞。

我拍了拍他的肩膀，激励他说："男子汉嘛，要有天不怕、地不怕的闯劲，勇敢地去面对挑战，就凭你聪明的脑瓜儿，肯定能行，老师相信你能行，回去准备准备吧。"

李成看着我真诚而又期待的目光，终于点了点头，"要不让我试试。"

望着李成那底气不足的神情，我真有点担心，因为像李成这样的学生，在偏科的情况下，一旦在弱科上再次受挫，只怕会从此对这门课更

没有兴趣了。

第二天上课时，我向大家宣布："李成要向徐欣挑战，回答老师昨天要求大家预习时思考的几个问题。"全班同学先是愕然，后是一片哗然。

"开什么玩笑?"

"不可能，他敢向徐欣挑战！"

……

最后我请全班同学做裁判，五分钟后比赛结果出来了，李成的回答既全面又流畅，徐欣却出现了差错，回答不够准确。

全班同学大吃一惊，李成什么时候喜欢上政治课了，真邪门儿了。面对同学们的惊讶，我趁机要李成说一说，他是如何学习政治的。

他站起来对大家说："昨天晚上……"他边说边向我投来感激的目光，最后他开心地笑了。

接下来的几天，我如法炮制，让李成与其他同学比试回答问题，每一次他都能取得成功，他笑得更开心了。

随后，我以"我自信，我努力，我成功"为主题召开了班会，以李成同学的变化为例，向大家讲述了一个道理，相信自己，努力去做，

就会成功，并让李成上台讲自己的体会，号召大家努力学习，更上一层楼。同学们向李成送去了经久不息的掌声。

在接下来的月考和期中考试中，李成同学的成绩有了很大的提高，从此，李成同学的学习劲头越来越足，班里也出现了比、学、赶、帮、超的学习局面，全班的学习成绩有了很大的提高。

每个学生都希望得到老师的信任、尊重、赏识和鼓励，特别是问题学生对这些的渴望更为强烈。身为师者，应该为每个学生创造一个成功的机会，这可能是改变他一生的良机。如果班内的"问题学生"都能在一次机会中体验到成功的快乐，体会到学习的乐趣，那么全班的学习成绩，何愁不上一个新的台阶呢？如果每个班级的"问题学生"都能在我们老师的悉心呵护下奋发向上，努力进取，不断进步，一个学校的整体教学水平，何愁不能跨上一个新台阶呢？

给每个学生成功的机会吧！让每个学生感受学习成功的快乐，这是教育者的责任所在，相信在学生感受到学习的快乐时，我们教师自己会更快乐。

张树森：1978—2014年任职于永乐店中学，曾任永乐店中学教务主任。

我的首届高中毕业生

1980年，我被调到永乐店中学，任高中一年级语文老师和高一（1）班班主任，我十分珍惜这重新赋予的工作使命。而且班上90%的学生都是农民子弟，他们来到学校是为了理想和未来而努力学习，我肩上担负起的则是为他们架桥铺路的重要职责。

为了使学生们有更饱满的精神投入学习中，我每天清晨带领他们在操场跑步，有了健康的体魄才能保证学习的效率，同时也增强了身体素质。我教的这届学生非常懂事，非常努力，德智体都均衡发展，学习成绩也很让人满意。在体育比赛方面，1980年和1981年的两届校运动会上，我们班均获年级总分第一名的好成绩。在文化课方面，我们班更是成绩卓著。有三名同学参加了县团委组织的作文比赛，包揽了前两名的奖项，其中两名同学并列第二；五名同学参加了县进修学校举办的高中化学竞赛，全部进入前十名。班上的同学们还积极投稿到县进修学校编印的《学作文报》，有多名学生的作品被分别刊登在该报的头版；我们班的高考录取率名列全校六个毕业班的首位，语文成绩位居全县第二。

这是我带的首届高中毕业生，也是我结束牛棚生活、恢复教师身份后最为骄傲的一批学生。当时我还把自己收藏的邮票办成简单的展览给学生们参观。因为那时候没有电话，跟家人和朋友联系，多通过信件来往，我感觉邮票很不错，不止看着漂亮，而且很有纪念意义。于是我养成了把信封上的邮票剪下来收藏的习惯，慢慢的攒了很多，后来我的学生们发现了，他们都想看看。但是一个一个地传阅很麻烦，有的学生建议不如办成个展览，那样大家都能看到了。我觉得建议不错，就在1983年搞了一次邮票展览。

当时我的邮票收藏大概有二三百张，种类比较少，主要有风景类、历史类和人物类的邮票。虽说是公开展览，其实办得很简单。找了一间大办公室，摆了20多张课桌在屋子中间，书桌上铺一张16开的白色办公纸，邮票按照类别放在上面，不能粘贴，在每个邮票旁边写上说明，然后压上玻璃。学生只能低头弯腰地看，虽然比较简陋，但在当时来说还是挺新鲜的。

全校总共36个班，每个班的学生都参观了这次比较简陋的集邮展。为了能让所有的孩子都看到，我还特意多办了几天，一直把这个办公室的门敞开着。此后很多同学在日记里、作文里拿这个当题材来写。这对

学生的写作是有一定作用的，因为当时的生活与现在相比是简单、枯燥、乏味的，尤其是农村的学生，一见作文题一个劲地摇头，因为他们实在是没什么可写的。邮票展览对写作练习很有帮助，便于学生打开思路。有了邮票做引子就可以启发好多学生的写作灵感，抒情、记述、发挥联想，甚至评论邮票的好坏，总之孩子们可写文章的方向就多了。这也是我第一次尝试把集邮和教学联系起来。

1984年，通过刻苦努力，我被北京市授予"先进教育工作者"的光荣称号。这与我对教学方法的不断创新和大胆尝试是分不开的。

李菁之：1980—1984年任教于永乐店中学，在1984年被北京市授予"先进教育工作者"的光荣称号后任教于北京十八中。

我的班主任——王子亮

在人的一生中，总有一些人改变或影响着你。老校长王子亮就是改变、影响我人生的人，他既是我学生时代的老师，又是我工作后的导师。

学生时代的我们热血沸腾，但也无法无天，对未来没有规划，也看不到方向。升入高中，幸运地遇到了王老师，他成为我的班主任。那时候家里穷，两元钱的学费都交不起，我又是家里的老大，等待我的只能是辍学。

放学后，晚上九点多，王老师骑着破旧的二八车来家访。我正在和弟弟妹妹吃饭，母亲住院，父亲去医院照料。王老师了解了一下我家里的情况，沉默了很久。又默默地骑车去了别的同学家。过了几天，王老师又来了，还是扑了一个空，依然只有我一个人在家里劳动。王老师叹了一口气，语重心长地说："我跟学校申请减免了你的学费，踏实上学吧。好好学习才有出路。"一人，一车，渐行渐远，看着王老师的背影，我的感激无以言表，这份情就默默地记在心里。那时候跟我情况差不多的同学很多，王老师就利用下班时间挨家家访，那辆老式自行车是他唯一的交通工具。现在想想，我们的求学之路就是王子亮老师骑着自行车走出来的路。

高二分了文理班，王老师不再当我们班主任，然而那时候学校条件有限，环境艰苦，教学资源跟不上。王老师为了多上点课，把文理班合

并在一起上课。几个男同学一对眼色不谋而合，逃课打篮球去，我也管不住自己，跟着去了。一会儿，王老师出现在操场，揪着我的耳朵把我带到办公室。正当我以为会有暴风骤雨的时候，一只大手忽地扬起，却轻轻地落在我的肩头，"我觉得你能考上大学，别跟他们比！"直到今天，我都坚信老师对学生的鼓励很重要。那时候，我只是个半大孩子，看不到未来，认不清自己，但相信老师的话，感觉自己就是和别人不一样了。最后我真的考上了大学。老师的一句话或许就能改变一个孩子的命运，这就是教师这平凡职业中的伟大吧。

因此，多年以后我实现了自己的教师梦，回到永中，和王老师并肩战斗。

我参加工作后，王老师已经是年级的领导。他凭着严谨的治学精神和一股子韧劲在学校最困难的时候接任了校长一职。

初为校长，他从上任校长手中接过几百块钱和一副重担。王校长开始为学校的发展奔走筹钱。把校办厂承包出去，奔走于政府和乡镇企业间。退任的邓校长留下一辆大客车，王校长召集学校领导班子开会商量怎么利用现有资源，最后决定开车游学。一方面，可以开阔学生视野；另一方面，一个学生仅收取基本费用，也可以满足学校收支。现在想来，王校长应该是改革开放以来组织游学的第一人，他顶住压力，承担巨大的风险，需要极大的魄力，这让我佩服之至。

我当年就是游学任务的执行者。游学活动分两批次，每批次由三个老师带队，司机曹炳叁开车，游学北戴河。从学校开车出发，经过山海关，抵达黄金海岸。那时候还没有高速，大车走在乡间的土路上，颠簸得很。去时又赶上下大雨，电闪雷鸣，路边的大树横亘在路上，许多车都栽到路边。我们车上是学生，路上我作为带队老师战战兢兢，守护着学生的安全。终于回到学校，下车一看，学校成了北戴河，操场都可以摸鱼了。

王老师就是在这样的条件下继任校长的。一个好校长就是一所好学校，他带领永中朝向卓越。

20世纪90年代，通州教育呈三足鼎立之势——潞河、运河、永乐店。然而，永中却遭遇了极大困境：生源差，教师纷纷回城。没有好老师何谈好的教育！

王校长沉思良久终于茅塞顿开，果断决定从外省招老师。一辆老式桑塔纳载着王校长和我奔赴山西，国道还是泥土路，一路颠簸，黄土飞扬。出发前王校长就准备好一兜烧饼和一兜酱牛肉，走到哪儿累了就蹲在道边吃一口，这就是一路的饭食。就这样三次辗转于山西师大和山西大学，找院系领导，联系大学生，一切准备就绪，万万没想到山西省教育厅审批不通过。

眼看招聘陷入僵局，王校长直面困境，毅然决定赶赴兰州。持续赶路、连续工作，已经消耗我们大部分精力，但时间紧，任务重，王校长坚持办法总比困难多。老式桑塔纳连夜奔赴兰州，中午就到了西安。此时的王校长双眼通红，高原反应严重，让王校长坐火车或者飞机回，他担心司机一个人开车不安全。最后决定我一个人坐火车去兰州，他们俩开车回。

　　我早上四点多抵达兰州，顺利完成招聘工作，马上买票回京。晚上九点多抵京，刚到学校，王校长就急急忙忙地找到我，欲言又止，我知道又有新指令了。"你再跑一趟集宁吧？咱们现在急需两个外语老师。"我二话没说，立马买票，来不及收拾东西就又踏上了开往集宁的火车。

　　外地的老师招来了，王校长心里的石头落了地，我望着曾经的班主任，眼前又浮现出当年一人一车的高大背影。这就是我的恩师，对我的影响至深。

　　王子亮：前永乐店中学校长。
　　口述：杜福栋
　　执笔：邱鑫

我的第一届毕业生

一、牢记使命，坚定教书育人的信心

1984年，我大学毕业，被分配到永乐店中学教授高二政治课，那时政治课的主要内容是辩证唯物主义常识。辩证唯物主义教会我用辩证的思维去看待问题，用发展的眼光去面对各种现象。不能因为眼前的利益、个人的利益而忘记了长远的利益、国家的利益。

我参加工作的时候大学生凤毛麟角，许多人刚念完初中就参加劳动和工作了。当时各行各业都亟须人才，尤其是一些机关部门，特别欢迎大学生就业。而那时老师薪资微薄，待遇偏低。许多师范生毕业时就改行了，不再从事一线的教育教学工作。我的三位同学毕业后南下深圳闯荡。深圳处于中国改革开放的最前沿，吸引了许多来自全国各地的青年，他们怀揣梦想，在这里实现自我。我的三位同学在信中描绘了深圳这片热土所经历的翻天覆地的变化，工作环境好，发展机会多，为吸引

人才开出的待遇优厚，十分吸引人。他们用自己的亲身经历现身说法，劝我南下，让那时的我也对南方非常向往。反观自己的现实，学校地处偏远，条件艰苦，教师的这个工作也没有什么大的发展。年轻的时候，我也曾有过动摇，是不是要坚守自己的职业，做一名甘于清贫、扎根农村的人民教师；是不是要继续过这种默默无闻、平平淡淡的生活，还是趁着年轻，出去闯荡一番，做出一点成绩来。但一想着当老师，绝不能误人子弟，尤其是农村家庭，孩子考上大学非常不容易，将心比心，我想只要在教师岗位上一天，我就要全力以赴，做一名优秀的老师，无愧自己，无愧国家的培养，无愧"人民教师"这一光荣称号。

二、充分准备、保证高质量的授课

"凡事预则立，不预则废"。要做好一件事情，都要预先做好准备工作。教师上课也是一样，要想取得好的教学效果，必须课前认真准备。一堂准备充分的课，会令学生和老师都获益匪浅。

作为一名新参加工作的教师，备课是首要的任务。备好课是上好课的前提和保障。那时我年轻、精力充沛，怀着对工作的热情和高度的责任心，每天我认真备课到深夜一两点。对教材的内容，我都是逐字逐句去理解。遇到一些专业术语，像"本质"和"根本""本源"的区别。对于这样的概念，我都反复地查阅各种资料，字斟句酌，一丝不苟，反复推敲。实在不明白，便去查《辞海》《辞源》，一定要弄清楚他们之间的区别和联系。对于什么叫"机制"，什么叫"关键"，只要教材中涉及这样的表述，我都会逐字逐句地斟酌，直到弄明白为止。同宿舍的老师喜欢早睡早起。他每天9点入睡，凌晨4点起床备课。我每天9点开始备课直至深夜，甚至有时候他起床的时候，我刚结束备课。所以我对教材可以说是滚瓜烂熟、了然于胸。多年以后，学生在回忆老师讲课时还记忆犹新。当年教过的学生王胜利老师说："杜校长讲课非常严谨、幽默。对知识点的把握，丝毫不含糊，一定要讲准确、讲透彻、讲明白，任何一个字眼，都是经过认真研究、反复推敲而形成的，没有模棱两可、似是而非的，而且，他还很幽默，让紧张的课堂不失轻松、活泼。"冯继舜老师则回忆道："杜校长讲课非常富于激情，很有感染力，能够把学生带入特定的场景中，让学生仿佛身临其境、感同身受。"

三、追求进步，勇于承担责任与重担

作为一名教师，把课讲好是对老师的基本要求。而让学生考出好成绩，考上大学，这是我作为老师义不容辞的责任，也是我教书育人的初衷和出发点。

那时候，通州区仅有两所高中，一所是潞河，一所是永乐店。永乐店中学当班主任的都是老三届毕业生，教学严格，教学水平高，责任心强，对学生管理非常严谨。家长非常信任学校，学生特别能吃苦。当时考大学录取率低，一个班50多人，仅有十几个人能上大专，加上考上中专的学生，能占全班人数的一半，就属于不错的了。面对学生渴求知识的眼睛，作为教师，不能有丝毫的怠慢。那时学生每周上课时间为五天半。老师每周六下午，在学生放学后还要进行半天的思想学习和业务培训。《参考消息》在当时属于内参，只有党员才能看到。作为一名政治老师，特别渴望知晓国内国际大事，更好地服务于教学。积极进步，成为一名共产党员，便是我对自己的要求。永乐店地区一度盗窃团伙猖獗，他们会在夜间潜入学校，盗窃学校财物。为了保证学校财物不受损失，学校安排老师值夜班，采取志愿报名的原则。我不甘人后、勇挑重

担，毫不犹豫地报名加入了值夜班的队伍，白天上课，晚上值夜班。轮到值夜班的时候，就在值班室坐一宿，或者在校园里巡视。由于我工作勤奋、表现出色，工作第二年就加入了中国共产党，成为一名光荣的共产党员。

四、人才辈出、学生桃李满天下

我上班的第一天，还发生过一件有趣的事。我坐在教室的最后一排听课，旁边的一个学生问我："你是哪所学校来的，是来听课的吗？"没想到第二节课是政治课，就是由我上课。学生一惊，直吐舌头，没想到这位"同学"竟然是新来的政治老师。

回顾大半生的教育生涯，可谓是桃李满天下，毕业的学生许多都成为各个行业的顶梁柱。我教过第一届的学生有像我一样，继续奋战在教育战线，成为教育行业的领军人物的：现任北京市育才学校通州分校党总支书记、校长的李竹林，他曾获得"通州区教育系统优秀党支部书记""通州区优秀校长""通州区优秀教育工作者""通州区'运河计划'教育领军人才"等称号；现任运河中学党总支书记、校长的李卫东；其他行业也是人才辈出：现任通州区卫生局副局长的陈长春，他家

住老槐庄，上学的时候特别勤奋刻苦，好学上进；还有现任通州潞河医院常务副院长的李晓辉，上学时是一个机灵鬼，虽然淘气，但并不耽误学习，属于边学习边玩的类型。

时光飞逝，第一届学生毕业也三十多年了，但他们始终留存在我的记忆中，时间越久越发清晰。我很感恩我的学生，我也很感恩自己当初的选择，感谢自己对教育的执着追求和不变的信念。任何时候，都抱着对教师这一职业的神圣感和使命感，牢记使命，尽职尽责、无怨无悔。正因为坚持和付出，恰恰又让我收到了无尽的回报。

口述：杜福栋

执笔：王善琴

我的同事

孟子曰："天时不如地利，地利不如人和。"如果说每个人都是沧海一粟，那每个集体或许只是一叶扁舟，一舟的安然与行进，必要同舟之人共济。在我看来，对于一个学校，所有老师就是同舟人。我们同处一室，同为一梦，同心协力，在学校发展的某个阶段，共同为之付出艰辛与智慧。今天，当我回首自己三十多年的教育生涯时，一张张面孔由远而近，熟悉亲切，他们就是我的同事。

一起追求上进

永乐店中学从 1952 年建校到今天，多少代人在这里挥洒汗水，见证岁月。1984 年，师范毕业的我回到了母校，以一个老师的身份成为她的一员。20 岁的毛头小伙有的是干劲，但缺的是经验。于是，我的老组长向我走来，他是高凤岭老师。我参加工作的第一节课，是他替我上的，第一篇教案是他教我写的，第一个月是他手把手带过来的。虽然当时没有师徒结对政策，也没有什么拜师仪式，但他就是我从教生涯的启蒙师傅。

还记得第一节课，他在上面讲，我在下面听，他如何导入、如何提问、如何激发学生争论……甚至他讲某句话要用什么语气、神态，我都在听课本上做了详细记录。我就这样听一节课，写一个教案，每个教案，他都会细看，逐字逐句帮我修改。接下来，我再在自己的课堂上讲，他坐在下面听，听完后对这节课提出建议，有时还会切磋一番，到底一个问题怎么提出才更能激发学生兴趣，一个定义怎么解释才更能让学生理解。如此起码有一个月，我们俩的课始终是错开的，他上一节，我听一节，我上一节，他听一节。他是我在教育岗位上第一个真正启蒙的师傅。

打同头的有师傅，也有同门师兄弟。在我们政治组，有一个讲课风格独特的老师——张殿功老师。他的课，不仅学生爱听，连我们这些老师也爱听。他教的是辩证唯物主义常识，一上课，他先讲故事，接下来，简明扼要提出哲学观点，再让学生用哲学观点分析故事。这种"情景式教学"对我影响甚大。

张殿功老师是老三届的代表，他们这些老师的教育精神也深深影响着我。他们对教育事业热爱，对学生敢于负责。冬天都能早上6点到校，叫学生起床，陪学生跑步，跑步15分钟后回来洗漱，6点半与学生一起吃早饭，晚上看学生宿舍，直到夜里11点……日日坚守，没有任何抱怨。当时高中班主任的工资一个月才21.5元，初中班主任的工资才几块钱，但那种全身心的投入从未停歇。我常常想是什么让他们如此忘我？随着岁月的沉淀，我渐渐理解，是优秀！一个人的优秀不仅仅是业绩突出、不计回报，更是有一颗纯粹而坚毅的灵魂在作底蕴。这些老三届的优秀高

中毕业生，有的赶上师范招生，有的赶上工农兵大学推荐，还有一部分直接被学校聘用当老师，然后边工作边学习，通过学校的考试……他们怀抱着对生命的无限憧憬与热爱，全身心地投入生活，在每一寸热土上活得热情洋溢，活出生命的色彩与动静。所以，是优秀成就了他们的精神，更是他们的精神成就了优秀。

记得有一年，我和高洪年组长、张殿功老师一起上高三。我们三个人每周日都要用一天时间钻研教学。从早上7点到晚上10点，从课本到东西海试卷，再到本周剪辑的报纸热点或《政治教育》杂志等，从高考的出题规律到课堂教学的方式方法……有时是谁都不吭气的沉思，有时又争论得面红耳赤。中午就吃一碗面条汤，晚上饿了，抓一把花生米。就这样一直深入研讨，对课本里每个字、每个词都讲究。比如有一次，我们探讨如何给学生讲清楚"机制"一词，有人说可用"门轴"作比喻，是一个转接点；也有人说，可以用生活常识链接，诸如管理层、制度等；还有的说从它的本义入手，由机器来对应……如果遇到专业性较强的问题，大家就各自引资料找说法，有时还把《资本论》翻出来，把"费尔巴哈"搬出来。这种对业务精益求精的精神也灌进了我日后的教育教学行为中。

如今回想那一段共同奋进的岁月，沉淀在心底的有老教师不计报酬、不讲条件的兢兢业业，也有年轻教师朝气蓬勃、敢想敢做的孜孜不倦。那时，虽然艰苦，但我们的精神面貌始终昂扬，争着当班主任，争着上高三，这后来也成永乐店中学精神的一种传承。

一起走过艰难

时间在忙碌中急匆匆跳进了20世纪90年代。当时，张家湾以北归运河中学招生，以南归永乐店中学招生。随着国家改革开放的脚步，人才流动的形势也在不断高涨，这就打开了永中闯过难关的又一扇窗——永乐店中学首开从外省引进应届大学毕业生的先河。

"招老师"最艰苦的就是1996年那届。刚开始打算到山西师范大学招聘，那时没有高速，我们是开了一天的车才到太原，一路颠簸，费尽周折找到大学，和系里、学校都商量好了，结果等到5月到省里盖章的时候，山西省教育厅一个都不放。怎么办，眼看毕业季临近，新学期的老师还没着落，从太原往回返的路上，王子亮校长临时决定，不回北京，一路开向大西北，到兰州大学招新老师。第二天开到西安，王校长由于高血压和多日积劳，眼睛都红了。我就劝他别去了，坐火车或者飞机回京，但是他不放心我们开车去兰州，也不放心陈长顺师傅自己开车回京，最后决定，王校长和陈师傅轮流开车回京，我独自坐火车前往兰州。当时，校长非要让我带着大哥大，但1万多元的东西，我还担心被人偷，也没带。我一人坐在火车里，有一种雄壮感慢慢充溢而出，王校长过去是我的恩师，现在是我的同事、我的领导，此时，是学校的困难期，也是我用自己的本事回报他、回报母校的最好时候，所以，这趟无论如何，我都要把事办好。早上4点多才到兰州，整个5月份跑了兰州三

次，常常是晚上连夜回来，第二天早上照常上课。但功夫不负有心人，9月份，我们就迎来了毕业于兰州大学、西北民族学院、兰州师专等高校的十几名优秀毕业生。

有一次，从兰州回来，上午10点汇报完工作，中午刚到家饭还没来得及吃，王校长的电话就追来了：缺两个英语老师，让我和马俊江副校长去内蒙古集宁招一趟。当时去集宁需要10多个小时，晚上7点，我们穿半袖上了火车，谁想凌晨4点一下火车，气温已零下，人家都穿大衣。我们只能跑着去了离火车站最近的小旅馆，但太冷了没办法睡觉，就坐着聊天。天亮第一件事，就是跑去买衣服。在集宁师专招聘完毕，中午随便吃点就往回返，晚上4点多，买了站台票搭上了由包头开往北京的火车。一上车就傻眼了，人挤人，脚都不沾地。挤到餐车，结果那里更挤。这时马校长身体出了状况，满头滴答滴答的虚汗，我赶紧找乘务员，一边办理补票手续，一边求救。乘务员也实在没法，就5块钱卖给我们一个小马扎，让他坐在台阶上透风，但眼见着他的脸越来越白，只好决定在大同下车。当时是早上7点，有一趟从大同到北京的旅游专列，没什么人，两个小时我们就到家了。

就这样，我们先后去了西北、东北、河北等地区的知名高校，引进应届毕业生，2000年以后，我们的条件得到改善，师资队伍也逐渐建设起来。这些来自多个地区和多个民族的教师，为学校的教育发展注入了新鲜血液，他们以校为家、共融共进，让永乐店中学再次焕发生机。

现在想想那时一起吃的苦，都会觉得，只要人心齐，没有什么跨不过去的坎。

一起开拓新路

站在新世纪的起点，学校的发展也呈现出蒸蒸日上的态势，但又面临着很多新问题，比如如此偏远且条件较差的农村校，如何跟上教育改革的步伐？新招来的外省大学生，如何适应新环境，发挥新优势……面对新问题，只能探索新办法，寻求新出路。

这些新老师很快就继承了"自强不息、艰苦奋斗"的永中精神，他们一样早出晚归、不计报酬，甚至因为离家太远，几乎除放假外，所有时间都生活在学校。早上出操，晚上看自习、辅导学生，下自习，班主任要把学生的宿舍门都检查好，才回宿舍备课。领导们看在眼里，很是心疼，决定成立教工团支部，由我负责。

教工团支部的活动在大家的建设和维护下，很快就做得有声有色了。活动一般在晚饭后六七点钟开始，有政治学习，有业务学习，还有文艺活动……那时，装备很简陋，没有卡拉OK，大家就自编自演小品、即兴朗诵，有时水盆、饭盒，再配上一把吉他或一个口风琴，就能开场演唱会。渐渐地，大家根据兴趣和需要，就结成了不同的团队，有教工篮球队、足球队、合唱队……五四青年班也是成立于此时，每周都会聚在一起，进行业务学习。有时是老带新，有时是年轻人互相研讨。这样，既丰富了大家的生活与学识，又增进了同事间的感情，学校凝聚力大大加强。

当然，凝聚力强并非面对工作你迁就、我退让，而是既团结又较劲式的相互促进。所谓"团结"就是有工作大家齐心干，有问题大家共承担。而"较劲"则是人人争当班主任、个个争着上高三的争强好胜、互相追赶。如当时的年轻班主任张晓航、孟凡福、张殿功、闫常胤老师，

管班各有自己的独到之处，业务能力也很强。老班主任也不甘落后。记得那年，我和张士武、王建国、张万刚等老师同在高二当班主任，我教文科班，他们是理科班，都觉得文科班的学生文文弱弱，在运动会上能不垫底就可以了。可是，我们班学生偏不信这个邪，于是我也决定和他们拼个高下。学生们一面秣马厉兵，一面互相打探，做到知己知彼、取长补短，策略巧妙安排人员，结果我们班不仅夺冠，而且遥遥领先，超出第二40多分。我们几个班主任当然也是互相较劲，因为大家都知道：集体主义可以通过竞争形成。

学校气氛越来越活跃，老师们的学习当然也会更积极。比如备课，经常挑灯夜战，互相提示、互相帮助，有时甚至争论不休。有一年，我和年轻教师王金良教同头儿，我俩经常争论，有时争到晚上不回家。当时教参少，我们为了证实自己的说法正确，经常到处找书。比如当初讲的辩证唯物主义常识，什么是物质？你要给学生一个准确的定义。我说马克思如何说，他说费尔巴哈怎么说，于是我们就查原著，从马克思、恩格斯、黑格尔、费尔巴哈甚至到毛泽东，满处找什么是物质的概念，但发现他们对"物质"的叫法都不一样，有说"客观存在"，有说"社会存在"……虽然大哲学家对概念的定义不一样，但学生面对选择题的时候，就要用到特定的内容，我们就必须要给学生说明白，于是，争论总会很多且持久，直到找到让彼此信服的说法。这种同行之间的辩论很有意思，而且很多问题越辩越明，同事之间的友谊也越辩越真，多年后的今天回想起来，也会倍加欣慰。

永乐店中学也在这样质朴而和谐的教育教学氛围中慢慢发展起来，到今天，当初的老教师，已经步入了退休的年龄，但他们依然不忘奖掖后学；当初的年轻教师，已进不惑之年，都成长为学校的中坚力量；与此同时，还有来自各省市的优秀毕业生逐渐成为学校发展的骨干。正所谓青蓝相继、薪火承传，永中的发展离不开这些朴实而动人的同事故事。

　　每一代人都有每一代人的故事，但在永乐店中学，每一代人身上都传承着同一种永中精神——自强不息、艰苦奋斗、开拓创新、不甘人后，也因此，永中成长为永中人的永中。感谢那些一起走过的岁月，感谢那些一起经历的流年，感谢那些一起创造的意义。

　　口述：杜福栋
　　执笔：赵燕青

永中记忆片段

不及格北戴河

永中初高三，把关聚精英。高考传喜报，中考也英雄。校长一高兴，马上做决定：全体两三人，北戴河边行，休养一礼拜，以了奖赏情。学校有豪车，一辆壹参零。路远怕颠簸，棉帖辅厢中，木凳放上边，主意挺聪明，上窜左右碰，碾肉屁股疼。大海碧波荡，老土开眼睛，平生第一次，戏海有心情。租个塑料桶，沙滩捅蟹洞，花钱加了工，煮酒论英雄，有人不喝酒，肚内不安宁，拉吐送医院，老脸蜡黄青。胆大去游泳，以为是河中，海浪拍过来，傻眼躬不轻。此游趣事多，难忘共相庆。

后来传佳话：只有"不及格"，才去"北戴河"，总结高水平。

此行二十人，"校长"十几名，贡献区教育，个个是雄鹰。

离家出走

下了班车向屋望，政教处里有异样。男男女女十几人，或站或坐脸哭丧。女孩不见找不到，问问学校怎么帮？校长决定派车找，可是家属有话讲。同车吃喝全要管，广播报纸全得上。"离家原因没弄清，学校怎能这样帮？责任区分在其后，先找孩子才正常。"家属见说很强硬，只得依从各自忙。兵分两路去天津，寻找还算挺顺畅。渤海边上见到后，才知原因在她娘。女孩一时想不开，离家出走自悲伤。查明原因分清责，家属羞愧自难当。领着孩子回家去，校长露出笑模样！

社会人员

政教主任不好干，上任先要受考验。考官不是校领导，永店镇上小混蛋。先后主任全经过，没有一个怕玩悬。疲惫一天回家晚，黑灯瞎火跳俩男。恐吓胡言要条件，手中木棒加板砖。脱衣掐腰一声吼，嬉皮笑脸跪在前。青春少女亮丽美，痞子又垂三尺涎。少年小伙正刚强，玩闹总想约一战。少女出门无限烦，少男院内心胆寒。校园围墙上千米，没有灯光夜里暗。全身装备去巡逻，千万不能心犯懒。有时搞点小战术，重点部位把身潜。嘱咐同伴多留神，不要轻易去玩悬。有时当面去迎对，警告贪心别犯险，"一时失足千古恨，公安机关准立案。悔恨终生众人遭，牵连家人丢颜面"。明月高挂校园上，斗智斗勇练肝胆，轻风拂面心里暖，校园学生全平安。

年级大合唱

五月鲜花合唱节，全校师生把歌唱。"五月鲜花"开原野，"洪湖水来浪打浪"。"游击队员"神枪手，大刀砍在鬼头上。年级各班一起比，分出一二三等奖。评了精神评服装，更听歌声亮不亮。八七高中四个班，玩了特殊不一样。每天早上教室内，录音机声全开响。教师指挥学生练，优美歌曲共欣赏。集体同唱两首歌，四班全获特殊奖。校长沉脸不高兴，简直就是来对抗。合唱台凳不好凑，怎把四班全放上？高考是个好理由，参加活动就挺棒。宽场永中大操场，二百号人齐开嗓。歌唱抗日众英雄，歌颂祖国歌唱党。后来学校做规定，其他年级不模仿。此举的确有智慧，先后四位任校长。几十年后忆此事，内心依然挺神往。

孟凡福：原通州区第二中学校长，曾任永乐店中学政教处主任。

永中印象

我的母校永乐店中学是通州区一所重点中学，我的高中生涯是在这里度过的。

1983年,我和来自通州各个村镇的同学们组成了高一（3）班，从此我和（3）班结缘，结识了我一生中最好的老师和同学，我们彼此结下了几十年的师生情和同学情。高中二年级学校进行文理分班，我喜欢文科，但是当时有一句话："学好数理化，走遍天下都不怕"，所以很多同学都选择理科，整个年级4个班仅有9人选择文科，文科班分不成，我们9人就被插在3班，出现了文理同班的特殊局面。当然，学校也给了我们文科班一个小教室，语文、数学、英语等在（3）班和其他同学一起上，历史、地理等课则是在小教室9人单独上。当时，很多老师和同学都不看好我们，不管大家怎么想，我们9人开始了文科班的学习生活。

教我们的老师都非常棒！可以说，这个文理混合班既好教，也不好教。好教的是同学们都很爱学习，学习基本上不用督促。不好教的是，学生基础不一样，我们文科班学生理科基础不好，和班上其他同学一起上课，难度很大，老师们往往要使出浑身解数教我们。在此期间，我遇到了几位非常好的老师：教政治的杜福栋老师、教英语的张泽通老师、教历史的王瑞祥老师等。老师们倾尽所能地传授知识，我们如饥似渴地学习。那时住宿生活很艰苦，印象最深的是每天早晨，天还黑着，我们就开始到操场跑步，然后值日生去食堂打饭，早饭一般都是馒头、玉米

面粥，配着自己从家带的咸菜，同学们吃得很香。偶尔我们也会到当时的永乐店街里的早点铺买炸油饼，那家的油饼非常好吃，至今都馋那个味道！学校食堂每周都做一回肉龙，老远就能闻到香味儿，至今都记忆犹新。我们白天上一天课很辛苦，晚上还要上晚自习，但还觉得时间不够用，特别是到了高三，很多同学上完晚自习，都舍不得回宿舍，宿舍熄灯后仍打着手电偷偷地学，同学们都拼命地学习，我们文科班的同学也不例外，相互学习，相互鼓励，共同期待取得好成绩。

转眼高中三年过去了，迎来了高考的关键时刻。记得我们被分在潞河中学考场，学校给我们租了车往返，经过连续 3 天紧张的考试，我们三年不懈地努力终于画上了圆满的句号。随后的日子里，我们在焦急中等待成绩，最终，我们等来了高考成绩，没想到我们小文科班成绩不错，有 7 人达到了大专以上分数线，这是谁也没想到的，可以说我们创造了永中文科史上的奇迹，这也让越来越多的老师和家长认识到学文科的优势。

永中不仅给了我知识，更锻炼了我的意志品质。在艰苦的学习条件下，我们能够自强不息，经过不懈的追求，实现了自己的梦想。1986 年，我考入了北京青年政治学院，面对新的挑战，我继续发扬永中精神，刻苦学习，以优异的成绩毕业，分配到中国航空制造技术研究院。这是一家大型重点科研机构，人才济济，我虽不是专业出身，但我经过努力成为这家大型国有企业的管理人员。纵观这一切，我深深地感受到，成绩的取得，得益于单位的培养和自己的努力，更得益于永乐店中学老师们的教诲和同学们的相互激励。在永中三年的高中生活，我受益匪浅，特别是永中人身上那种艰苦奋斗、自强不息、不甘人后，勇于追求梦想的精神深深激励着我，并在我心中留下了深深的烙印，形成了不可磨灭的永中印象。

姜凤东：永中 1986 届毕业生，现任中国航空制造技术研究院保密部部长。

责任与梦想
——记伴我成长的杜福栋师傅

"上课。"

"起立。"

"同学们好！"

"老师好！"

1985年9月的一天，伴随着上课的口令，永乐店中学高二（3）班的政治课堂，走进了一位高高瘦瘦的教师。

"同学们好，我是咱们班的政治课教师，我叫杜福栋，高二年级咱们要开的政治课是《辩证唯物主义》。在讲新课之前呢，我们先谈一谈哲学。"杜老师侃侃而谈，妙语频出。

坐在教室里的我被镇住了。当时的我16岁，祖祖辈辈都是农村人，"哲学"这一字眼，听说过，没见过。课下和同学们一打听，杜福栋老师，也是来自农村，高考考取了北京师范学院政法系，那个年代，一个农村学生能够考取大学本科，何其难！这些都增加了我对杜老师的亲近感和敬佩之情。1987年7月，我考取了北京师范学院分院，后来成为一名光荣的人民教师，也是深受杜福栋老师的影响。

"咱们学校要换校长了！新校长来自永乐店中学，姓杜。"

2000年3月的一天，北京市通州区漷县中学初二年级办公室，老师们在叽叽喳喳地议论着。下午的第8节课，全校教师大会，欢迎新校长。坐在台下的我定睛一看，台上的新校长，就是当年的杜福栋老师。

　　"感谢领导和老师们的信任，我一定团结好潮县中学的全体干部教师，把潮县中学建设得越来越好！"

　　没有豪言壮语，没有宏伟蓝图，杜福栋校长的讲话还是农村人的朴实，可是接下来的工作却是有条不紊又雷厉风行地开展起来。调整班子结构，制订学校三年计划，系统优化规章制度。随着教师发展、学生成长规划等的落实，潮县中学也逐步发展起来。我也成为年级组长、通州区中考命题组成员，通州区首批骨干教师。

　　2003年寒假，杜校长和我一起敲开了北京教育学院梅汝莉教授家的大门，请来梅老师到校进行了整整一天讲座，推进我校多元智能理论的实施。学校开展了"问题连续体"征文、"多元智能"教案设计大赛、小组研究课活动等。通过学习、行动和反思，教师确立新的教育观念：一切为了每一位学生的发展的教育观；教人做人，培养道德能力的德育观；从教师的"教"转向学生的"学"的教学观；正视差异，善待差异的学生观。学校借鉴多元智能理论，推动"师生互动，主体参与"教学模式的开展，利用多元智能的"问题连续体"，促进学生全思维参与教学。

　　"今天的班子会，咱们谈一谈什么是紧、细、严、实、狠的工作作风""今天我们讨论一下工作创新"。已经进入潮县中学领导班子的我，在杜福栋校长的帮助和引领下，学习着、成长着。

　　2005年11月，因为工作的需要，杜福栋校长调任筹备北京二中通州分校。这是一所新的学校，经过十年的建设，终于成为通州区的一所名校，这无不浸透着杜校长的责任担当。在此期间，我接任潞县中学校长。杜校长仍念念不忘对我的帮助，对潞县中学的关心。

"立军，有时间吗？今天北京二中有个活动，咱们一起去学习学习？""立军，学校的绩效工资改革，咱们一起商量商量啊？"现在，经过杜校长的传帮带，我也成为一名称职的中学校长。

时针来到2018年1月，已满56岁的杜福栋老师任职永乐店中学校长。我深深知道永乐店中学在他心目中一直是一个温暖的词，他对永中饱含深情。老骥伏枥，壮心不已，杜校长对教育工作依然满怀热情和责任。但是，杜校长对工作太拼了。工作伊始他提出永中办负责任的教育理念：对全体学生负责，对学生的全面发展负责，对每一名学生的终身负责，用三年的时间打下学生一生的基础。

一次，我见到杜校长："师傅好，我理解您对永乐店中学的情怀，但是年纪大了，工作不能玩命啊！还是要注意休息，注意身体啊！"

"谢谢立军！时间不等人啊！"杜校长虽然面带微笑，但是我能感觉到他肩上担子的沉重。在当前城市副中心教育引进名校的背景下，永乐店中学作为通州区本土学校，面临着前所未有的机遇和挑战。这是一份责任，更是担当！

"士不可以不弘毅，任重而道远。"一路走来，杜福栋校长既是我的老师，又是我的师傅，我将以杜校长为榜样，为通州区的教育事业贡献我的全部力量！

2020年5月18日

周立军：永中1986届校友，现任北京市通州区宋庄中学党支部书记、校长。

为我点亮心灯的人——记我的恩师肖宝军

　　每个人心中都有一盏心灯，它是支持我们走向生活、走向世界、走向未来的不竭动力、是一种希望、一种期盼、一种信念、一个理想、一轮照亮夜空的明月、一轮喷薄而出的太阳，孤独无助时，"希望"这盏心灯一直陪伴着我，照亮我的人生之路。

　　离开永中近30年，与老师、同学们朝夕相处的3年高中生活像电影胶片一样至今滞留在脑海，那些带着生活气息的细节，如恩师孩子般灿烂的笑脸、操场上同学们的欢声笑语、教室里为迎接高考的拼搏场景……任岁月冲刷，却因回忆而柔软，越来越清晰，散发着温热和光辉，这是生命中温暖的记忆，随年龄的增长而日渐深刻，师生情变得更深，同窗情更浓。

　　当年初来永中，伴随着几许离家的不安，对于内向的我来说，一切是那么陌生，每天总是很不开心，感觉天都是灰色的，而班主任肖老师

爽朗的笑声感染了我,恩师一个善意的眼神、一个浅浅的微笑、一句关爱的问候、一声赞美,像一缕和风、一丝细雨,点燃了我心中的希望,影响着我以后的人生。

人的一生面临着很多的选择,1985年8月,我收到江苏扬州大学中国烹饪专业录取通知书。欣喜中,有点沮丧,难道真的一辈子要和吃打交道?郁闷之余,我回到永中,找恩师:扬州离家太远了,不了解烹饪专业,总之很多理由就是不太想去外地读书。恩师耐心地帮我分析烹饪专业的发展前景,以"民以食为天"阐述烹饪在每个人生活中的重要性,列举了到外地院校就读对个人发展的种种好处,走得多远,眼界就有多开阔。恩师一番语重心长的话语使我茅塞顿开,每个人的面前都有一条通向远方的路,但不是人人都能走到远方,因为总是有人心灵不堪重负,迷失在黑暗中。正是恩师为我点亮了一盏盏希望的心灯,照亮了永中三年就读的时光,引导我走出少年内心的迷茫和人生选择的彷徨,这种不灭的希望之光曾给了我生活的勇气和前进的动力,至今影响着我对人生的选择,鼓舞我为自己的梦想不懈努力。

而今我也成为一名教师,从事职业院校营养学的教学工作,每天接触的都是朝气蓬勃、乐观向上的年轻人,他们很像当年的我们,我也像恩师一样做着有温度的教育,用微笑向学生们传递恩师当年赋予我们的心灵阳光,用欣赏的眼光关爱学生。当学生们遇到成长的烦恼时,我会像恩师一样用无私的爱点亮学生心中的那盏灯,那是盛满希望的爱之灯,这盏灯曾是那么温馨,那么美好,以至于每一次的提及,都会让在场的每一个人感动,都会让我眼眶湿润,都会让我联想到阳光、鲜花、蓝天、白云。如今的我已年近五旬,带着一盏希望的灯,沿着曲曲折折

的生活轨迹走着，享受生活赐予我的一切，照亮别人也照亮自己，无论走到哪里，遇到多大的困难，我都会更加热爱生活，因为在我的心中，恩师送给我那盏放射出无限光芒的灯永远亮着。

高金兰：永中1985届毕业生，现为北京市工贸技师学院烹饪系讲师。

追溯我的座右铭

我作为一名教师，对肖老师的育人理念充分理解，也深受其影响。

高中开学第一天，肖老师和我们分享了一首《春夜喜雨》，那情景我至今印象深刻，肖老师饱含激情地通过这首诗表达了他对我们的殷切希望，给我们指出了成长的方

向。肖老师也借这首诗抒发了自己的工作激情，"好雨知时节，当春乃发生，随风潜入夜，润物细无声……"

肖老师是个有心的人，他充分利用各种有效的资源创建班级文化，注重班级文化建设的整体设计。从审美育人的高度深入规划，做到"随风潜入夜，润物细无声"，为此，肖老师通过各种方式、利用各种资源开展各种活动，发挥班集体的作用，为我们创造了积极向上的成长环境。

肖老师积极组织我们开展各项管理活动，要求大家在各类活动中尽自己所能，不断超越自我，同学们在不断参与和竞争中，逐渐提高思想修养，培养了良好的学习习惯和浓厚的学习兴趣，促进了同学之间的尊重理解和相互协作，增进了彼此间的友谊，进而增强了班级的向心力、凝聚力。想起当年的各项集体活动，我至今都还心潮澎湃。

教室是学生学习、生活、交际的主要场所，是老师授业育人的阵地，是师生情感交流的地方。我们的报栏让我们能随时了解时事；板报随时更新，展示了我们的思想态度；学习园地中我们自制的小报，是我

们才华的展示；墙上的各种奖状，可以激发我们积极向上的情感。班级的各种物化的东西都能体现班级的个性，都给学生一种高尚的文化享受和催人发奋向上的感觉，班级文化也如我们沉默而有风范的肖老师一样，起着无声胜有声的教育作用。

成为一名教师后，我深知任何教育力量都不能代替教育事业中的教师的人格作用，肖老师的爱心、耐心、责任心，丰富的知识，宽容的态度都构成了他的人格魅力。肖老师积极向上的人格魅力吸引着我们，有着润物无声之效。

肖老师很爱他的学生，学生们也都很敬仰他。如今，《春夜喜雨》这首诗成了我的座右铭。

郑凤萍：永中1985届学生，现为北京市第31中教师。

一个不被放弃的"差生"

30年前在我上高中的时候，学习成绩很差，但我还是考上了大学，这得益于我高中三年的语文老师——肖宝军老师。是他的不抛弃、不放弃，成就了我。

20世纪80年代初能考上重点高中，那是一件令所有人都羡慕的事。我就是当时的一个幸运儿。考上重点高中我心里高兴，父母、家人、全村的百姓都投来赞许的目光。

后来肖老师单独找到我，拍着我的肩膀说："连宇，这次期中考试你数学考得非常好，可语文考得不好，没及格。我感觉你平时的语文还不错，是不是这次没发挥好呀？"肖老师接着又说："你的数学好，证明你肯定是个非常聪明的学生，语文学习有什么困难，我会帮助你的，别灰心，你一定能学好！"

肖老师虽然这么说，但给我的打击还是很大，我陷入了深深的苦恼中，我不就成个差生了吗？在20世纪80年代初，高考的录取率不到40%，还是非常低的，我数学虽然很好，但语文却是这样的成绩，想考上大学是很困难的呀，我的情绪有些波动。

但在此后的每节语文课上，好像什么事都没有发生过一样，肖老师很关注我，经常提问我。而且在叫我回答问题时，还总是省略我的姓，直呼我的名"连宇"。让我感到很亲切。心理学家说过这样

一句话：人性最深切的需求就是渴望别人的欣赏。在语文课上，当我答对问题时，肖老师总会给我语言表扬或是眼神鼓励；当我回答问题有新意时，肖老师又会向我投来欣赏的目光，给我激励的话语。每当语文作业本发下来时，经常看到肖老师赞赏和激励的评语。在一次作文欣赏课上，我作文的一个片段，还被他当作范文读给全班同学们听……是肖老师的鼓励，更是肖老师的永不放弃、永不抛弃的高尚师德，才让我对语文的学习逐渐树立了信心。

苏霍姆林斯基说，教师不仅要成为一个教导者，而且还要成为学生的朋友，和他们一起克服困难，一起感受快乐和忧愁，肖老师做到了这一点。我的语文成绩差，是我平时读书少、积累少，这也可能是农村孩子的通病。上了高中，很多唐诗宋词我还是从来没有听过。肖老师了解到我们这一点，每天早晨很早就来到班里，将他抄写在小黑板上的唐诗、宋词、名言警句放在教室前面。今天是一班，明天是二班，并适时地为我们讲解，尽可能多地让我们多读、多记、多理解。在肖老师的引导下，自己也认识到是积累不够造成了自己语文差。为了努力地把这一课补上，我专门找来相应的书籍，找适合自己的内容去看、读、记和认真体会。李白的《蜀道难》我曾经能倒背如流。三年的高中学习，肖老师没有抛弃、没有放弃我这个差生，一直在关心着我，鼓励着我，我也一直在努力着。我的语文水平虽没出色的表现，但也有了很大的提高。

记得上大学不到半年，我突然接到了一封来自我高中母校的信，打开一看，上面写着："师兄，我叫××，你接到这封信会有一些奇怪的，你不认识我，我也不认识你，怎么会给你写这封信呢？我现在也是肖老师的学生，肖老师介绍说，我现在的情况有很多和师兄当初相似的地方，肖老师让我向你请教，让你多给我介绍你的学习经验，帮我学好语文，也能在三年后'跳龙门'。"此后，我和这个同学成了朋友，保持着联系，我们也一直得到肖老师的指导，这个同学高考后也和我考上了同一类学校——"师范"。

大学毕业后，我也当上了一名老师，农村老师。我深知一个差生的学习经历，有苦、有甜、有茫然，也有憧憬。在茫然的时候，老师的鼓励和耐心会点燃我们渴望成功的火花，激起为理想拼搏的冲动。在学生稍有进步的时候，得到老师的肯定和表扬，学生便会有为成功而努力的勇气。那时心里是甜美的。我体会很深，我也在工作中努力做到这些，不抛弃、不放弃每一个差生。我的学生成绩在慢慢提高，我也慢慢有了成绩，成了骨干，成了领导，成了影响更多老师的人，引导更多的老师不抛弃、不放弃那些需要帮助的学生。

周连宇：永中1985届学生，通州区觅子店中学校长。

受益终身的爱好

肖老师是我初中的班主任和语文老师，在此之前，我也学过并背过很多诗词，但真正让我喜欢上诗词的，还是肖老师的语文课。37年了，我还清晰地记得肖老师讲"飞将军自重宵入，横扫千军如卷席""此去泉台集旧部，旌旗十万斩阎罗"等诗句时的语言和表情。那时我才知道什么是"典故"，原来短短的几个字包含着那么多的故事，运用了那么多的修辞，太神奇了！太玄妙了！

肖老师形象地描述"五岭逶迤腾细浪""天若有情天亦老"，肖老师的分析使我眼前豁然一亮，作文可以表达自己的想法，但诗词却可以直接抒发自己的情怀，表达自己的志向。肖老师信手拈来的诗句，总成恰如其分的点睛之句，使我们这些农村孩子羡慕不已，庆幸自己赶上了一位有大学问的老师。记得当时在同学们中传看着很多有关诗词的小册子，那是一些同学让家长从城里买来的，我家里比较穷，没钱买书，只能传看别人的书，并连夜抄写一些。如今，品读诗词成了我30多年来的爱好，使我受益匪浅。闲暇时、旅途上、郁闷中、品味几首诗句，感悟诗人的情怀，体验作者的意境。但觉乐在其中，人生畅然。

感谢我的老师，是您使我在中学时期有了一项爱好和技能，品味诗词，即使独处时，我的内心也不孤单不寂寞，虽未能温文尔雅，但也书卷多情，胸无点尘。

真如肖老师所言，"熟读唐诗三百首，不会吟诗也会哼几句吧。"现如今，"萧瑟秋风今又是"，我站在讲台上，时不时地拿一些诗句烘托课堂的妙趣，也顿觉其乐无穷。

马久林：永中毕业。

在我的高中阶段，曾受教于三位优秀的语文老师。最令我感到幸运的是能够成为肖院长的入室弟子。肖院长的语文课堂自由轻松，没有太多拘束，他讲起课来妙语如注，一泻千里，滔滔不绝。在我的印象中，肖院长有深厚的古文功底，他讲的很多经典课例，至今还令人回味。

教学中，他总是引导学生在品读中去领会作者的各种心境，于是在反复诵读中，我们感悟到的景，更是刻骨铭心的情。我们在一种紧张愉快之中不知不觉地度过了45分钟。

他的课不失常规，却不是完全照本宣科，他有极其开阔的教学视野，古今中外、东西南北，全在胸中，他讲题时可以完全否定参考答案，说出令我们心服口服的观点。

我总觉得一个老师在书教得好之外，总应该还有一点独特的地方，值得大家咀嚼怀念。如果一个老师，大家回忆起来只有教学，总是一件乏味的事情。就像一个学者，学问做得好之外，还需要有一点为人处事的人间情怀才好，这种情怀可以是幽默感，也可以是其他。

肖院长不仅知识渊博，幽默、风趣，而且胸怀豁达，从不讽刺和挖苦我们，即使是批评都让我们觉得是一种享受。

梁刚：永中1991届学生，现为通州区教师研修中心高中部主任。

那年，我在永中

1987年秋天，永中高二年级的学生文理分班后，我担任的是（5）班班主任，这一届学生共分了四个理科班，两个文科班。（5）班的学生整体水平，比我原来带的高一（1）班学生要好多了。

这个高二（5）班组建后，首要工作当然是建立班委会，组成管理班内事物的学生自治组织。一开始是由原来在高一时当过班干部的学生组成临时班委会。指定了团支部书记是刘学友，班长是于富英，还有文艺委员徐桂红、学习委员刘雪东、体育委员殷卫星。过了一段时间后，我觉得应该让学生选举一下为好，就搞了班委的改选。结果于富英落选，而由殷卫星任班长，体育委员则由沈昌明接任，其他人没有变化。这套班委班子一直保持到高三。

我要求学生到了学校必须要干出个样子来，特别是班委会的干部们，必须要拿出真正干事的样子。例如高中二年级的时候，学校要选拔三个学生，参加通县各界都参加的学习党代会文件的竞赛。学校的要求是志在必得，要夺取第一名，让我们（5）班学生里出人。我选了我班的刘雪东、刘克学和刘学友三个人。其中刘学友和刘雪东是班内的主要干部。我对他们下了死命令：学校团委既然这样看得起我们班，你们绝对不能丢我们班的脸，更不能辜负学校的期望。结果这三个人寒假期间，都留在了学校熟悉材料。最终获得全县第一名。为学校争了光，也为班集体立了功。这一年我们班获得了全校优秀班集体的光荣称号。

在升入高中三年级的第一学期的阳历新年，这是学生们在学校度过的最后一个新年了，他们要求热热闹闹地过一下。这是学生的正当要求，我很痛快地答应了。我让学生自己独立地去准备一切，包括节目排练、会场布置及学生们晚会上吃的小吃，等等。我说：到时候我就看你们的组织能力了。这件事由刘学友一手操办。那天学生自己准备得非常好，节目新颖别致，刘学友的主持也十分得体，同学们也玩得十分尽兴。我从这次活动中，看到了刘学友的组织能力，也看到了学生们潜在的文艺素质，认识到自己原来包办一切的做法，是十分错误的。

我对这一届学生，特别是（5）班的学生就像对待自己的亲生儿女一样爱护。由于学校很大，一些社会上的无业青年经常会翻墙进到学校里，擅闯学生宿舍进行敲诈勒索。一些住宿的高中学生因为离家比较远，可以说是举目无亲，只得采取破财免灾，息事宁人的办法，那些不法之徒往往得手。当我知道这些情况后，心中很气愤，常常去追究事情的来龙去脉。学生可能怕我生气、惹事，总是瞒着我，但只要让我碰到，我是绝对不会轻易地放过的。

　　我的班内出现早恋现象，这种事情很棘手。中学生正处于生理成熟期，男女之间的相互倾慕，产生一种朦胧的相互爱慕及友谊，应该说是人的正常需求，作为班主任是不能干预的。但是学生这个时期的意志力还比较薄弱，早恋的学生往往会沉溺于其中不能自拔，精力不可能集中在学习上，往往会出现学习成绩大幅下降的现象。特别是早恋的，往往是学习上不错的学生。如果一个学生因为早恋而影响学习，不能考上大学，会耽误了自己的前途。班主任若是不闻不问，那应该说是严重的失职。责任心驱使着你必须要干预，这就产生了矛盾。一旦发现某两个男女学生有早恋倾向，可能已经到了两个人卿卿我我，很难拆开的地步，对于旁人的干预，两人都会产生逆反心理。如果事情由隐蔽转向公开，工作就更不好做了。

　　我所带的高三（5）班就遇到了这种情况。在高中一年级，刘同学就对一名女生产生了爱慕。两个人在高中二年级，分到了两个不同的理科班，但是两个人联系并没有中断。到了高中三年级，两个人开始热恋起来。被我发现后，我当时很矛盾，到底管还是不管呢？但是看到两个人的约会十分频繁，已经到了影响学习成绩的程度，我开始不安起来。因为刘同学是我们班学习最好的学生，他完全有条件考上重点大学。我再不干预，他就可能连考上二类本科院校都会有困难，所以我就找他谈话了。我不是进行讲空道理的说教，而是开门见山地问他："将来你俩的人生道路如果迥然不同，并且很少联系，你觉得你们的感情还会这么深吗？"刘说："会的。"当时我很惊讶，觉得他已经陷入恋爱中太深了，只能对他说："将来你会痛苦的，你们之间也不会有什么结果的。"我同时指出，你们之间的事老师并不想干预太多，只是要求你暂时停止你们之间的来往，等到将来考完大学再说。我与他的谈话并没有产生太大的效果，他对于那个女同学还是那么一往情深。只是那个女同学见了我觉得很不好意思。

最后刘没有考上一类本科大学，而是考上属于二类本科的北京经贸学院，听说他后来又读了研究生。对于那个女同学，他倒是一如既往。但是女同学的家人不同意，最终还是没能"有情人终成眷属"。

在与这个班一起生活与学习的二年中，我也犯过急躁病，甚至做过很对不起学生，大伤学生自尊心的事情。现在回忆起来仍然让我后悔莫及。那是高中三年级的第二学期，是学生在校的最后一个学期，春天学校要召开春季运动会。我们班男生的体育运动水平并不高，在报名的时候，我放手让刘学友与殷卫星等班内的主要干部来动员学生报名。当时我的想法是：不求每一项都拿到名次，只求每一竞赛项目都有人参加就行了。但是长跑的项目因为比赛时特别累，就没有人愿意报。殷卫星动员学生见没有人愿意报，他擅自给一个姓张的同学报了这个项目。这个姓张的同学是从牛堡屯地区考上来的，平时不爱讲话，性格内向而倔强。殷卫星给他报了长跑，他本人很不愿意。到了比赛点名的时候，张就不出场。我当时就动员他，只要跑下来就行，不求成绩。但是无论我怎么说他都不听，把我气得够呛。所以我就把他叫到了我的宿舍，狠狠地训斥了一顿。从此他对我很是仇视，直到毕业再也没有与我说过一句话。这件事情发生后我也很后悔，觉得自己做得太过分了，对他的自尊心伤害得太厉害了。这是我激动时做的一件错事，只是已经无可挽回了。现在想来，作为一个班主任，任何时候都要尊重学生的人格，而不能伤害学生的尊严。我想这位同学可能因此记我一辈子。他毕业后考上了铁路学校的中专，可能现在当了一名火车司机。

从1986年到1989年，我在永乐店中学当了一届高中三年的班主任。这一届学生中，有十几名考上大学，加上考上中专的几名学生，合起来一共考走了24名，是这一届考出人数最多的一班。我所教的化学，高考成绩超过了当时的东里中学，即后来的运河中学，高考化学平均分超过

了北京市平均分。这在当时永乐店中学的其他学科中并不多。

我在三年的工作中取得了成绩，摸索出一些教课及当高中班主任的经验，这使我感到充实而快乐。我在学校里充分地发挥了自己的潜能，干自己愿意干的工作，这就是最大的快乐。

闫常胤：原永乐店中学副校长，1985年到1995年在永乐店中学工作。

追梦时光——八十年代永中生活纪录

八十年代正值我国改革开放初期，"文革"结束后百废待兴，高考恢复。那个时候尽管物质生活非常匮乏，但是人们的精神追求却日益高涨，上高中，考大学成了许多学子心中的梦想。我们有幸成为那个时代的追梦人，在永中这片热土上，挥洒汗水，勤奋耕耘，留下了青春的身影，刻下了追梦的印迹。

入学印象

入学那天，天空晴朗，阳光灿烂，我们1986届学子来到了永乐店中学这所历史悠久的名校，有幸成为首届三年制重点高中校的新生。学校位于通县最南端，是一所县级重点中学。走进校门，甬路左边是三间带门廊的传达室，室外放着一张长条桌，用来摆放报纸和信件；甬路右边是后勤总务小院。西房墙壁上有一块大黑板，16个硕大的粉笔美术字"爱国之心、报国之志、建国之才、效国之行"十分醒目，这16个字后来成了我们高中三年的座右铭。正对校门的是一座20世纪50年代修建的二层木楼，历经风霜雨雪，外观早已斑驳。沿着甬路向北走，有东西各6排平房，左边是初中教室，右边是高中教室。穿过教学区的两扇大门，呈现在眼前的是一个4000平方米左右的土操场，经历了一个夏天的风吹雨淋，操场上的荒草足有一人多高。当天下午，高一年级的180多名新生

在操场顺次排开，在烈日下挥汗如雨，直到天黑才把荒草除净。夕阳下的操场洒满了落日的余晖，干净整洁。从此，操场和我们朝夕相伴；从此，除草也成了我们学校传统的入学第一课。

宿舍喜乐

那时候，我们的宿舍十分简陋，几条板凳和几块木板搭成的大通铺就是我们的床，30多平方米的宿舍住着18个女生，冬天天气寒冷的时候，令人备感温暖。晚上熄灯后18个女生经常在铺上嬉戏玩耍，面对面聊天，尽管彼此看不清对方的眉眼，但还是玩得尽兴，聊得开心。更多的时候，我们在床上点着蜡烛看书。有一次，因为看书累了，一个同学

不小心碰倒了蜡烛，差点酿成了火灾，深夜被宿管老师叫出去罚站了半个小时。此后晚上偷看课外书的时候我们都要小心翼翼、提心吊胆，唯恐不小心失了火。在那微弱的烛光里，我们认识了新时期作家蒋子龙、贾平凹、史铁生、张洁，知道了顾城、舒婷以及他们的朦胧诗，直到今天还念念不忘"黑夜给了我黑色的眼睛，我却用它来寻找光明"这些经典名句。后来，怕晚上读书出现意外，很多同学从家里带来了手电筒，这样躲在被子里看书，谁也发现不了。利用闲暇时间，借助偷偷制造的光线，我们阅读了图书馆里的大部分书籍。

食堂抢饭

我们上高中时，食堂在南校宿舍区的一个大会议室里，当时看来食堂大极了，足够全校学生集会，因此，兼具食堂与会堂的双重功能。那时候，粮食订量供应，吃饭需要粮票。我们家住农村的孩子需要用粮食到镇东口粮库换来粮票才能在学校食堂用餐。早晚窝头、玉米面粥，中午每周吃两次粗粮。没有时令蔬菜，冬季天天土豆熬白菜，夏天几乎顿顿是西葫芦、冬瓜。各班分桌吃饭，统一交粮票和钱。每周一订饭，由轮值组长收钱送到会计室，1块多钱足够吃一个星期。每周各组安排两个值日生打饭，只要下课铃声一响，两个值日生就拎着铁桶、端着饭盆，冲出教室，奔向食堂，挤进人群，那抢饭的情形如同打仗，等组长们把"抢来的"米饭和熬白菜分配到同学们各自碗里的时候，大家才慢悠悠地回到宿舍，或蹲在地上或坐在床上享受这来之不易的"美

味佳肴"。当然,不住宿的同学可以回家吃饭,这是让住宿生极为羡慕的一件事。三年清汤寡水下来,高考体检时全班无一人体重超标。

教室苦读

当时的教室还是1952年建校时盖的房子,青砖红瓦。因年久失修,墙体破旧,有的房顶已经漏了,冬天进风,夏天漏雨,桌椅破旧,上面到处是划痕。那时没有多媒体,也没有实物投影仪,我们的学习热情却空前高涨。教室的墙壁上写着当时流行的标语口号,左边是"团结起来,振兴中华",右边是"努力拼搏,实现四化"。教我们这届的老师有的是"文革"前毕业的大学生,有的是工农兵大学生,还有恢复高考后近两年的大学毕业生,他们对学生投入了全部的热情与精力。印象最深的是"文革"前毕业于南开大学的化学老师邢士培,他讲课的特点是声情并茂,绘形绘声绘色。当讲到气体上升的时候,邢老师总是一蹦老高;当讲到气体沉淀的时候,讲台上又找不到人了,原来是老师已经蹲

在讲台底下了;讲到爆炸的时候,他老人家则从讲台前跑到学生中间,捂着耳朵,弓着身子,那情形就如同火药真要爆炸了一样。邢老师善于提尖锐问题,每个同学均不放过,一节课下来,足以让全班48个同学轮流受训,且言辞"刻薄"。一旦学生回答不上老师的问题,就会被骂得"狗血喷头",他的口头禅是严师出高徒。即便受到最严酷的"折磨",我们

还是发自内心地崇拜他，尊敬他。因为他的教法独树一帜，他提的问题都是新知识，学生即便预习得再充分，面对层层紧逼的提问仍然防不胜防。他老人家总是声东击西，让我们不知所措，而每当一节课结束的时候，我们才发现所有的知识都贯穿在一环扣一环滴水不漏的问题当中。当下课铃响的时候，全班的同学才可以坐下（以前一直是站着的），听邢老师归纳本课知识重点，这些恰恰是知识的精华所在。全班同学精神高度集中，以至于下一节课开始的时候，同学们还常常沉浸在化学课的意境当中，意犹未尽。当然那时我们的化学成绩一直处于全县领先地位，牛气冲天自不必说。每当夜幕降临，灯光点点的教室里，是学子苦读的身影。进入室内，只听得见笔尖在纸上留下的声响，同学们借着微弱的灯光复习一天的功课。停电的时候，教室里则会烛光摇曳，那意境远胜现在的烛光晚宴。回想起来，至今依然让人感到无比温暖。

校园乐土

晨练是我们每天的必修课。早晨六点钟，全年级同学穿着各班统一颜色的服装去操场跑步，春夏秋冬四季不断。我们年级的班主任都是由永中"老三届"教师构成，他们大都三十多岁，年富力强，在工作中互相竞争又紧密配合，对学生投入了满腔热情，说一天 24 小时陪在学生身边都不夸张。晚上 10 点熄灯以后，他们在宿舍外巡视；早 6 点钟，准时喊学生起床，陪学生去操场跑

步。高中 3 年，从不间断。还记得冬天 6 点钟的时候，操场上漆黑一片，天空中繁星闪烁，我们年级的 4 个班准时列队在操场上，整齐的步伐"掷地有声"，响亮的口号此伏彼起，脚步声与口号声交织在一起，回响在操场的上空，成为寒冬里一道最亮丽的风景。跑完步回到教室时，天还没亮，全班同学或背诵"锲而舍之，朽木不折；锲而不舍，金石可镂"等经典文言文，或齐读英语课文和单词。周末，清晨的操场格外宁静。春末夏初的时候，东北角的池塘边长满了芦苇，覆盖了整个池塘。天不亮，池塘四面已经坐满了晨读的身影。那时候路远的同学不是每个周末都能回家，为了实现理想，改变命运，同学们学习都非常刻苦。傍晚，操场西边的林荫小路上洒满斑驳的阳光，我们三五成群，边走边唱"走在乡间的小路上，牧归的老牛是我同伴"，笑意荡漾在青春的脸上，幸福在心头流淌。夏季的雨后，我们坐在池塘边的柳树下，"听取蛙声一片"，吟诵"路漫漫其修远兮，吾将上下而求索""子在川上曰，逝者如斯夫"……秋天的时候，苇塘飘满了白色的芦花，水中的鱼儿清晰可见，每到这个季节，我们便围坐在树林边，观云卷云舒，思宇宙人生。那时候，我们年少轻狂，身在校园，心忧天下！

归心似箭

乡间的小路上。早春，道路两旁的柳树最先发出嫩芽，接着便是白杨吐出花絮。五月初，漫天的杨花裹挟着洋槐的香气打在脸上，痒痒的感觉。6 月的田野，一望无际，麦苗吐穗，淘气的我们扔下车，钻进半人高的麦田，揪几穗嫩麦，轻轻搓下外皮，品尝着新麦的清香。有时还会在那里捉迷藏，以至于被生产队长发现了，追得我们满地乱跑。有的运气差，被告知了家长，会挨上好一通教训。9 月，田野里一片成熟

的秋色，我们利用周末跟着家长去责任田掰棒子、拾棉花、捋谷穗、出白薯、捡花生，农村的孩子有着闲不住的周末。当然也有另一种快乐的时光，那便是叫上几个好朋友去村边的果园里偷食果子。也有被逮住的时候，但是人们淳朴善良，顶多假装吓唬几声就行了。好不容易盼到腊月，沟里的水结冰了，探知冰面可以载人的时候，我们便开始在冰面骑行了，像多米诺骨牌一样摔倒的情形至今想起来还让人忍俊不禁。总感觉那时候的冬天比现在天冷、雪多，下起雪来往往没过膝盖，我们便可以尽情地堆雪人、打雪仗，往往把衣服鞋子弄湿后才回家，也不感到一丝寒冷。在这条往返学校的路上，我们见证了春天的柳树发芽，夏天的麦浪滚滚，秋天的果实累累，冬天的白雪皑皑。我们用坚实的脚步丈量着从村庄到乡镇30里的距离，那条乡村的石子路上留下了我们青春的身影和追梦时光里难以磨灭的记忆。

心系母校

寒来暑往，三个春秋，我们结束了高中三年的学习生活。难忘7月9日高考结束的那一晚，学校为参加高考的学子们送行的情景。大食堂里，桌椅一字排开，桌上摆的是我们平时吃不到的丰盛菜肴，还能吃到美味的饺子。饭后，高三毕业生尽情联欢，在操场上举行篝火晚会，互

赠留言，交换照片，彼此有好印象的男女同学也会红着脸将三年不曾说出的悄悄话表露出来，红红的火焰照亮了同学们青春的脸庞。因为从此要天各一方，那一夜几乎无人入眠。第二天，学校派四辆加长卡车，分四个方向送学生回家。临走的时候，同学们抱在一团，泪流满面，不忍别离，依依惜别的场景至今历历在目。直到那一刻，我们才发现每一个人对母校都是如此的依恋。

——"为什么我的眼里常含泪水，因为我对这土地爱得深沉"！

张瑞兰：永乐店中学1986届高中毕业生，通州区运河中学高中语文教师。

埋头苦干，默默奉献
——首批外招大学生老师火照义的故事

火照义老师，1970年出生，宁夏固原人，1994年毕业于宁夏固原师专，毕业后来永乐店中学工作，是永乐店中学最早从外地招聘来的教师，并扎根农村工作到现在。

火老师说："当年我们20多人一起从宁夏老家固原被通州教委招聘到通州工作，大部分被分配到农村学校，20多年过去了，多数人都已经进城里工作了，还有的下海经商，现在还在农村工作的已经寥寥无几了。"火老师这种扎根农村、奉献农村的精神令人敬佩。火老师刚来永中工作时，学校只有一个办公楼，其余的校舍都是平房，极其简陋，条件十分艰苦。但火老师从未抱怨过，无怨无悔地为学校工作。正是凭借这种默默奉献的精神，火老师的教学成绩始终名列前茅，1997年就拿到了"优秀教师"小红本，之后又多次获得。2006年就已经评上了永中高级教师。谈到自己取得的成绩，火老师是很自豪的，"自己年轻时也辉煌过"，"要想取得好的教学成绩，还得靠埋头苦干啊"。

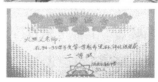
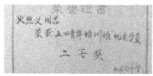
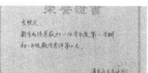

火老师深情地回忆了他刚来永中时教过的学生，"那几届学生，学习特别好"，像刘

佳同学，当年曾获得"北京市十佳少年"称号，中央十套节目特别做了报道，"颁奖时我跟着去了，再没出现过这样优秀的学生"，火老师回忆这些往事时充满了感慨。火老师最早教过的那几届学生考上大学的很多，毕业后有的去了外交部，有的去了公安局，也有好多毕业后又回到了母校永乐店中学教书，像刘佳、王利亚、王智慧、韩为、赵妍等，他们像火老师一样扎根农村、奉献永中。

火老师刚来永中时，交通闭塞，那个年代没有网络、没有手机，通信极不方便，获取知识很难，火老师就在邮局订阅了杂志，一个月一本，认真阅读，这种学习精神非常难得。火老师刚参加工作时每月工资240元，每月去了生活费基本剩不下钱。那时没有公交车通往市里，有事进城基本上都是骑自行车去。和家里的联系基本上是靠写信。住的宿舍非常简陋，常常漏雨，冬天班级里需要靠生炉子取暖。那时没有打印机和复印机，考试的卷子基本上是手工印刷。学校周边是庄稼地，周边的道路多半是土路，一下雨，道路泥泞不堪。回忆过往的艰苦生活，再联系到今天学校拥有先进的现代化设备，火老师万千感慨，"学校的发展也反映了国家的发展，今天我们的国家真正的富强了"。

火老师也谈到了那时候学校对新招聘教师的照顾。那时条件极其艰苦，校领导尽可能地给予教师各种关照，比如那时候由于没有公交车通往市里，寒暑假回家，学校都是派专车把教师送到火车站，想起这些，火老师对学校充满了感激。

谈到学校的发展，火老师说，永乐店中学的真正发展就是从外地招聘教师开始的，来自东南西北、全国各地的教师为永乐店中学的教育发展注入了新的活力。从全国各地招聘新教师，体现了永中在人才引进方

面的开放意识，无论是个人、团体、社会还是国家，只有开放才能真正进步。对于学校的发展，火老师还谈到了制度治校，只有把学校的教学管理制度化，学校的发展才有保证。永中这些年取得的成就与永中制度治校是分不开的。

火老师在永中执教至今已20多年，在初中十几年，在高中十几年，可谓具有初中和高中两个教学阶段丰富的教学经验，这在永中教师中是不多见的。

火老师在教育教学上不畏艰难、任劳任怨、埋头苦干的工作精神是永远值得学习的。

火照义：永乐店中学最早从外地招聘的教师。

采访：王胜开

材料整理：高学民

执笔：高学民

感恩遇见——2002届校友王东坡回首永中生活

时光荏苒，不知不觉，我已从永乐店中学毕业17年了！在生活的忙忙碌碌之间，我也成了即将步入中年的"大叔"！回首我的高中生活，许多的记忆已经渐渐淡去，留下的却是不可磨灭的回忆。

犹记得若干年前那个早上，在新生开学典礼上，我作为众多新生中的一员，与我的新同学们一起站在主席台下。我只是队列中普普通通的一员，懵懵懂懂的少年不知身归何处。主席台上我们班的班长王芳芳正作为新生代表在发言，看着她突然之间像触到了我的某一个开关，感觉心中一动，整个人仿佛顿悟了一般。就这样我明白了自己的方向和目标——成为同学中优秀学生的典型。这一切就好像一根弦一样贯穿于我的整个高中，并且这根弦一直处于紧绷状态，从未放松。这就是我，什么事情都不能撼动的我！有自己的目标并且一直坚持，用努力换取成功。

我清楚地记得，高中以来第一次月考，虽然我考了年级第11名，但我并不感到满意。这次考试使我了解了自己的实力，以及与别人存在的差距，激起了我力争第一的斗志。自那以后我开始了疯狂的学习。每一天都要求自己认真听讲，课后认真做练习，并且学习态度谦逊。三年的时间，我是去办公室请教问题最多的学生。每天晚自习，我都会向老师提问。我好学的态度受到了老师们的青睐，老师们的夸奖让我更加热爱学习。这样，学习变成了快乐的事情，也变得越来越简单，我的成绩也在不断地向前。当然没有常胜将军，但是每一次失败我都要总结，使自己明白是这一阶段学习的内容复习得不够，还是其他因素导致的失败。每一个失败就像一个台阶一样，砌成一条通向成功的路。所以不要惧怕失败，只要善于总结、改正，失败有时候真的是成功之母。

再来说说那时的生活吧。17年前我们的校舍在老校区，我们住的宿舍是平房，厕所是非常古老的大通排茅厕，冬天冷风嗖嗖，夏天蚊子猖獗，但是我们并不以为意。每天晚上宿舍熄灯后，我们用手电筒照亮看书，如果碰巧手电筒没有电，就会去厕所，借着微弱的灯光看书。有时一边上厕所一边和同学聊天，现在想起来还挺怀念那时的生活的。每天早上都要去铺满石子的操场上跑两圈，唤醒身体与大脑，迎接充满活力的一天。最怀念的是永中的早饭——油饼上抹一块酱豆腐，现在我依然喜欢吃，总感觉有一种幸福的味道。

我要感谢我的母校永中给予我们封闭式管理的学习环境，使我们心无旁骛，排除一切杂念，专心学习。每个月老师们辛苦组织的月考使我们明白自己每一阶段的实力。感谢我所有的老师们，你们辛苦了，真的辛苦了，每晚都陪我们上晚自习，给予我们指导。记得我们的物理老师汪金梅老师挺着大肚子天天站在讲台上讲课，真的很辛苦，直到我们高考后的几天，她的宝宝也出生了！高三她一直陪着我们，没有耽误过一节课、一次辅导……

除此之外，广泛的涉猎也是我的一点经验。我并不是一个只知道读死书的学痴，每晚下晚自习回到宿舍后我都要看两个小时的书，有时是教科书，有时是课外杂志。那时候信息技术没有现在这么发达，我订了一本叫作《视野》的杂志，杂志如其名，开拓了我的视野，丰富了我的学识。我也去王府井书店买一些参考资料，拓展我的知识面。在校期间我还参加了物理、化学和生物竞赛，并且都获得了奖项，比赛对提高我的成绩也有帮助。

其实总的说起来，我在永中只做了一件事情，这件事情我做了三年，我管这件事情叫作"坚持"，坚持着我高一开学第一天立下的誓言——我不是以年级第一的成绩来到永中，那我一定以年级第一的成绩毕业于永中，而且我做到了！

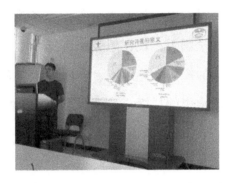

再一次通过这样的机会感谢我的母校——永乐店中学，在我最后高考填报志愿的时候，是你们一直劝导我报北京大学，使现在的我可以骄傲地说我毕业于北京大学，我可以和我的儿子说你爸爸是北大毕业的！

感谢永中给予我的一切，都说"三年改变一生"，永中的三年给了我一生的改变，感恩遇见永中！

王东坡：1999年9月考入永乐店中学，2002年毕业，后考入北京大学医学部临床医学系8年制。现就职于首都医科大学附属北京胸科医院医学影像科。

青春作伴，不负韶华

——2005届高考状元、清华学子张文言的故事

离开永中一晃已有11个年头，自己也从及冠之龄步入而立之年，回望永中经历，感慨万千，一时却又不知从何写起。

我与永中结缘比一般校友都早，作为永中老师的孩子，从自己记事开始，永中就是自己的"图书馆"和"游乐场"，每天听着学校里的琅琅读书声长大，接受着最原始也是最难得的启蒙教育。

进入小学之后，学校与永中相邻，还记得那时的永中还是老校区，每天放学后坐在母亲的办公室里写作业，白天学着加减乘除，晚上听着数学老师讲几何函数；白天学着拼音识字，晚上听着语文老师讲诗词歌赋。那些当时看来高深莫测的知识每天潜移默化地影响着自己，不断地激发我对学习的兴趣和对探索的渴望。

2002年，自己如愿以偿地成为永中的一员，正式成为永中的校友，记得初中的语文老师，于我而言不仅是邻家的老奶奶，更是我和父母两辈人的老师，这种冥冥之中的传承，让我立志一定要考上好大学，像父母一样做一个对社会有贡献的人。

虽然中考成绩远高于永中的分数线，但我并没有就此离开，而是选择留在永中来完成自己的高中学业，一方面是因为多年以来对永中已经熟悉得不能再熟，可以说永中已经成为自己生活的一部分，留下来可以

无缝衔接，更加心无旁骛地专注于学习；另一方面是因为多年以来对永中的了解，让我知道这所学校的内涵与精神，远不是简单的分数线可以评估的。三年的勤奋苦读，高考一战功成，我不仅成功考入清华大学土木工程系，更以668分的成绩成为当年通州区的高考状元。我没有辜负永中的期待，永中更没有辜负我的选择，迄今为止，这都是我最引以为豪的一次选择。

永中是北京市通州区的一所农村学校，在教学资源和环境方面并无优势，但是艰苦朴素的环境却让我收获更多，在这里六年的学习经历，除了书本的知识以外，还培养了我学习的能力、自律的品格、坚持不懈的毅力，树立了知识改变命运的信念，这些才是我真正从永中完成的"学业"。

就拿学习能力来说，初中三年和高中三年，每天都在学习，那时候认为自己已经学得足够多了，不需要再学了，但进入大学乃至步入社会之后才真正懂得什么叫学无止境，什么叫书到用时方恨少，不仅方方面面都要学，而且还要边工作边学，这时候掌握的学习能力就显得尤为重要，能学得又快又好，就能充分提升自己的价值，更早地在社会中崭露头角，去闯出自己的一片天地。

至于自律的品格和坚持不懈的毅力，相信每一位校友都会深有同感，上学时候的"军事化管理"让所有同学都苦不堪言，但每天严格作息换来的是高效率的学习和"业精于勤荒于嬉"的深刻认识，直到今日，良好的生活和工作习惯一直让我收益颇多，回想起来，对当年母校的严厉鞭策是感激不尽。

知识改变命运，不仅仅是书本上的一句话，更是无数永中学子的真实写照，在那个时常会收到"河北移动欢迎您"的校园里，多少校友从农村家庭走出来，在永中埋头苦读，最终考上大学，接触了更广阔的世界，站在更高的台阶，拥有了更多的人生可能，这些校友的亲身经历让我对这句话深信不疑，并作为自己不断努力和奋斗的精神源泉。

对永中的最后一天课程印象最为深刻，当我习惯性地打开记事本准备记下作业时，台上的老师微笑着宣告着高中三年学业的结束，并为即将到来的高考送上祝福。这时我才真正意识到，该到了和永中说再见的时候，每一堂课、每一次指导、每一份作业，都是老师在手把手地带着我前进，而现在到了该自己独自面对的时候。但我同时也知道，自己并不是独自一个人，学校、老师、班级、同学，都是自己的坚强后盾，永远在关心支持着我，不仅是高考，也包括之后的大学生涯和社会历练，这段求学的经历会一直藏在心里柔软的角落。

就好比自己的人生路上，在12岁的年纪搭上了永中这班顺风车，到了18岁，该下车自己继续走了，但这辆车还一直停在那个路口，用温暖的车灯，照亮着前行的路。六年的同行之路，有起伏，有弯道，但下车之后，留在记忆里的，却还是一路的欢声笑语和相濡以沫，是窗外的连绵美景，是车

内的恩师和挚友。

感恩永中，在我生命的六年韶华中，辅我学业，教我做人，伴我成长，愿永中历久弥新，基业长青。

张文言：2002—2008年就读于永乐店中学，高考以通州区理科状元的优异成绩考入清华大学土木工程系。

我爱我家

　　永乐店是我家，永乐店中学就是我家的书房。这里的每个角落都有我这些年的足迹，这里的人和事有我的美好回忆，这里的点滴藏着我和父亲两代人的记忆。每每回想起来，思潮便涌向我的脑海，使我久久不能平静。

　　小时候常听父亲提起他儿时的趣事。父辈念书的时候家里很拮据，需要自己赚些外快，一来补贴家用，二来自己挣学费。父亲经常指着家里的老式绿色闹钟，给我讲它的来历。那时候，一到夏日，知了声声地叫着夏天。父亲经常凌晨三四点起来，背着书包，带着长长的竹棍，披着夜色就出发了。钻进树林里，那里可是知了的天堂。知了每晚夜里十一二点便把厚重的壳退去，刚蜕壳的知了白白嫩嫩的，放到盐水里泡一夜，第二天放到油锅里炸一下，香极了。但那时油是稀缺资源，可能也就放到炉眼儿里烤一烤，我猜想也别有一番风味。如果仅仅为了吃上一口野味儿，父亲肯定不会早起，重要的是蝉蜕。蝉蜕是药材，卖到药材铺可以换上一笔钱。有一次父亲依旧早早地起来，带上装备便出发了。过了不知多久，那真是收获满满啊，一大书包的蝉蜕抱在胸前，足够换钱用上几天了。父亲便在村边的小桥上休息，坐了很久天依然没有亮。那时候也没有手表，家里面有个座钟就已经很不错了。摸着

黑，父亲回到家里，发现才凌晨3点。自那次，父亲把蝉蜕卖了，买了一个闹钟。这个有历史价值的闹钟一直在家里放着，直到多年后的今天，我依然会拿出来看一看，然后放到玻璃罩子里，视若珍宝，我想等我的孩子再大一点，我也会给她讲闹钟的来历。

父亲的另外一件趣事，带有极强的英雄主义色彩。他们小时候没有赶上计划生育，家里都是三四个孩子，少的也有两个，家里又困难，所以孩子放学都是要干活的。父亲的同学宋淑俊，是一位女同学，长得瘦瘦小小的，每天也需要割一大筐草，割不完回家肯定要挨打，父亲便经常帮她先割好一筐。到了饭点，自己的筐还是空空的，父亲便把两把镰刀架在一起，上面铺上薄薄的一层草便回家了。父亲说，被发现了也没关系，男孩子挨两下打没关系。望着父亲一米六的个子真的瞬间高大了。我经常感慨那时的同学情谊，真好啊，真纯啊，真深啊！

父亲的文笔很好，他的文章在上学时还曾经发表，只是那届没有赶上高考。在父亲从永乐店中学毕业后的半年，高考恢复了。他的班主任杨守录老师亲自到家里做工作，劝说父亲参加高考。但是父亲是家里的长子，最终选择接替爷爷的工作，走向工作岗位，供弟弟妹妹读书。最后我二叔不负众望，以当年永乐店中学榜眼的成绩考入了北京轻工学院，就是现在的北京工商大学。虽然父亲最后没有参加高考，但是他依然很感谢杨老师，得空了会约上老同学去探望老师。父亲去看望杨老师拍的合照就放在家里的相册里，偶尔我也会拿出来看看，因为我也敬佩这位爱学生的老师，他是我的榜样。

刘佳同学（现初三（1）班学生）荣获
北京市第九届希望之星"十佳"中学生光
荣称号

父亲学业上的缺失，希望能在我身上得到实现。小时候四五岁我便能执毛笔描红模，背唐诗；八九岁时，父亲便找一些稀奇古怪的数学题开发我的思维与智力，我想那些题可能是现在奥数题的原型吧；上了初中，父亲应我的爱好，让我学绘画。在父亲朋友的引荐下，我便拜师在民间国画家郑国湧的门下，课上课下我的美术老师高明也经常辅导我，初二时学校来了专业美院毕业的王元仁老师，我又向王老师请教素描和水粉。那时因为父亲身体的原因，病退在家。母亲下岗后得到学校的帮助，在学校做临时工，家里还有年迈的姥姥和姥爷，家庭收入少得可怜。就是这样的家庭情况，父亲依然让我坚持自己的兴趣。

功夫不负有心人，初中时，我在美术上获得了一些小成绩。学校要推送一个北京市十佳中学生的名额，很荣幸学校推荐了我。我记得当时的申报材料是徐卫民老师帮忙撰写的，他的题目是《逆境中盛开的花》。我很幸运，在初三时我真的当选了"第九届北京市希望之星十佳中学生"。我获得消息比学校要早半个月，知道以后我兴奋得蹦啊跳啊，父亲看着我微微一笑，告诉了我一句话"喜怒不形于色"，要我学会沉着而有涵养。等到班主任火照义老师告诉我这个消息的时候，我已经能够平静面对，微笑处之。火老师很诧异，这么小的孩子居然能够如此淡定坦然，其实我早已经受过父亲的训练。之后，对于一个农村出来的孩子而言，真的是大开眼界。跟随"SK状元榜"剧组去怀柔冒险岛录制节目，参加中央教育频道的访谈，自己的文字被刊登在北京的报纸上，北京电视台到学校和家里进行采访。小小的我，真的需要"喜怒不形于色"了。

在中央电视台节目制作现场（右三为我校被评为"十佳"中学生的刘佳同学）

在那个轰动的喜讯过去之后，迎来的是中考。我们那时的中考是先报考志愿再参加考试。我记得我填的志愿非常简单，只写了一个，就是永乐店中学。同学见了，还开玩笑地说："你只报一个志愿，要是考不上怎么办？那不是没有学上了吗？"我便打趣道："真考不上就不念了，这点自信还没有！"最后我确实没有发挥出原本的水平，但分数已经够上运河高中了，而我毫不犹豫地选择了永乐店中学，最终也如愿进入了永中的实验班。

实验班里的同学，那真是高手如云啊，所以入学成绩我是倒数第一，确实有点受到打击了。我高中的班主任是王锡田老师，他也是一位传奇的老师。在我们刚入学时，开学典礼上就听说王老师所带的四班出了两个北大学子。我对王老师充满了好奇，这是一位怎样的班主任呢，能有这样的魔力？就在刚开学的不久，因为适应了每天9点便入睡的初中作息，使得我不太适应高中的每天10点才下晚自习的生活，接二连三的头痛，非常影响我的学习，甚至作业都完不成。王老师得知以后，便把我叫到办公室对我说："回家先休息吧，总头疼可不好啊，作业写不完可以先放一放，先把身体养好。"听完之后，我心里一股暖流流过，我明白了，就是王老师的和风细雨才能教出优秀的学子。一个学期很快就过去了，我的成绩也提高了，在众多高手中也能有一席之地了，年级排名也提前了。

再开学那是一个难忘的春天，整个北京市甚至全中国笼罩在SARS的阴霾之下。学校接到紧急通知，全部停课。由于放假的通知来得非常紧急，很多学生没有收拾好自己的书包和行李，便匆匆回家了。王老师就组织我们几个永乐店本地生给大家做善后工作，为每个同学收拾书本和最新印发的试卷。路途远的同学每周会自主地来学校拿这一周的试卷，同学们在家自学。也许是因为我们班进班成绩都很好，大家领回去的卷子都会认真地完成，同时每天都会打电话给王老师报告自己的体温。就这样持续了几个月，经过漫长的夏天，SARS终于被控制住了，我们又再次回到班级准备上课。

再重逢已是分别时，因为高二要分文理班了。大家带着不舍，非常珍惜地上了一个月的课。想象着再也看不到王老师挥汗如雨浸透的衣衫，再也听不到王老师和善可亲的声音，更感受不到王老师如亲人般的温暖，我们每一个人都很难过。短短的一年师生情谊，却烙印在我们每个人的心里。

高三时，我要参加美术艺考，有一次在公交车上偶遇王老师，王老师还是那样亲切。那时恰好我家里发生了变故，王老师临下车时塞给了

我200元钱，我的眼泪再也忍不住了。那次公交车的车票，我至今还留着，王老师的为师之道也一直影响着我，让我明白如何真正地爱学生。

永中优秀的教师除了王老师，还有很多。我良好的数学逻辑思维就是初中三年龙福兴老师的功劳，我辩证地思考问题的方式是任智安老师教给我的，还有如师如友的关满娜老师和孟忠琰老师，更有严格而不失风趣的王飞老师和她的爱人王翠霞老师，还有很多优秀的老师不但教会了我知识，更教会了我如何做人，我的成长离不开他们的付出和爱。

大学毕业后，我再次回到母校，成为一名光荣的美术教师，我与永中再次结下了不解之缘。我已经从一个年轻的新教师，逐渐成长为永中美术师资力量中不可或缺的一员。不论是参加市里的基本功大赛，还是教学设计，再到通州区"春华杯"一等奖，我都愿意去为我的母校增砖

加瓦，愿意为我的母校再次辉煌尽一份绵薄之力，愿意同母校一起再谱新篇。我爱你，永中，就像爱家一样，爱你！

刘佳：永中2005届毕业生，曾获"北京市十佳中学生"的称号，毕业于北京工业大学，现为永中美术教师。

我在永中的温暖记忆

我是永乐店中学2007级中考毕业生周敬之，来自东张各庄村。2001年我进永乐店中学读初中，2004年在永中读高中，2007年参加高考并考入北京科技大学。不知不觉，我读完了本科、硕士、博士，离开母校竟然已经11年了。今天我非常荣幸能再次回到母校。抚今追昔，母校这些年发生了巨大的变化，各方面条件比我读书时好了很多，让我非常激动欣喜，母校的变化始终牵动着我们这些毕业生的心。这种感觉就像家一样。今天，我想简单地谈一谈我在永中，特别是高中三年的经历，谈谈永中给我的那些永不会忘怀的温暖记忆，分享我的成长心得，我对教育的认识。

回顾过去，我常听到有人说，你取得了不错的成绩。我说，这根本不是我一个人的功劳。

教育青少年和培育树木一样，每个孩子都是一颗种子，涉世未深，心智未熟，知识不充分。经过好的培养，会长为德才兼备的大树，成为祖国栋梁，也为一家争光。遇到不负责任的培育，只能长成小树，而且还会走很多弯路。园丁决定着孩子的未来。因此，你眼前的我活成了这种模样，原因并不只在于我自己，在我的世界里，有着永中所有培育过我的人的努力。没有这些人，我必定不会是今天的模样。因此，我取得的成绩，百分之百离不开母校对我的教育和培养。我的世界观、人生观、价值观，我的基础知识和人生理想，都是永中塑造出来的。没有这心底的一切，就不会有博士后的我、北京市作家协会会员的我、获奖的我。永中老师的知识和三观，或者说灵魂，或者说生命，都在我的灵魂里、生命里。所以我说，教师是一种分享生命的职业。

　　经历了小学、中学、大学、研究生，我深刻体会到，高中是人生一道巨大的分水岭。我常听到很多孩子说，自己的高中地狱一样，太苦了。而我回过头来去看，我的高中三年，那都是阳光灿烂的日子。老师、学校非常希望你能理解各种学科知识和为人处世的道理，一旦发现问题苗头，想尽一切办法去排除解决，有些老师甚至牺牲了自己全部的工作外休息时间，不让每一个想冲刺的孩子缺少帮助。学校对孩子是那种不计回报的好，学生遇到不熟悉的知识，给学生补习不收一分钱；每年都组织学生参加区、市、国家级竞赛和课外研修参观学习；学生在生活上遇到困难，学校想方设法帮你解决；在课业之余，我们的体育锻炼和玩耍时间并没被减少，让我们有一个好身体，好头脑；德为先，体其次，智再次，始终遵循德体智全面发展的教育方针。这一切，在走入社会后才发现，是无价之宝。

　　我在永中的高中三年，学校始终关心我的成长，为我排忧解难。由于家境不好，学校免去了我的学费和住宿费，让我安心读完了高中三年。在高考结束后，又联系北京市学子阳光助学基金，解决了我大一的学费担忧。再比如，学校图书馆本来是为教师开放的，我一直想看一些世界名著，但没钱买，我偶然同语文老师谈起此事，老师竟然立刻去图书馆借来给我看，而且不设还书期限。金文婕老师推荐给我的《平凡的世界》还塑造了我的人生观。再比如，我在学习上遇到一些不懂的压轴题，给我的物理和数学老师打电话，甚至去老师家找老师，老师每次都

抛下手中的家务事，耐心给我讲解，一个电话打很久，直到完全透彻地理解。学校每年清明节都会带我们去给革命先烈扫墓，不定期带我们去镇上打扫公共卫生，让我们牢记历史，关心社会。树立远大理想，心里装着祖国和人民的人，更容易成才；自私自利的人，顶多成为精致的利己主义者。比如，学校还创造各种机会带我们参加知识竞赛，参观科技馆、博物馆，甚至参加区政府工作会议、团代表大会，开阔我们的眼界。永中老师对学生的负责，绝不仅仅体现在熬夜工作、带病上课。在教育产业化，各种培训班层出不穷，老师留完作业就不管，放学后的工作都丢给双职工的家长，这样的今天，永中的这种尽职尽责，真心关怀，在整个北京市也屈指可数。这些可爱的、敬爱的教师和领导，在永中这片土地上，一直默默地奉献着。

许多家长最关心孩子的成绩，我想说，以我的亲身感受而言，限制孩子考高分的不是知识掌握得少，高中三年的知识点只有那么多。各个高中在讲知识点上，能力差异根本不大。分数不高的原因是知识掌握不够牢固。而要掌握牢固，离不开艰苦奋斗，离不开做题、总结，必须有毅力。永中的学风是一股永不被打败的、不屈不挠的毅力。毅力从哪里来？不会从天上掉下来。毅力来自心中的理想，想成为什么样的人；来自对家庭的责任感，对社会的责任感。懂事早，出身底层知道人生艰难，知道底层民众的苦难，知道责任，心底有大爱，那产生的毅力是无可估量的。而永中始终在教育我，想一想为了什么而学习。这在别的学校，是非常少见的。

在关键的高中三年，避免诱惑、保持一种艰苦朴素的状态，人才能顺利成长，这非常重要。君子，静以修身，俭以养德，非淡泊无以明志，非宁静无以致远。永中环境宁谧，没有大城市那么多吃喝玩乐的诱惑，是个真正适合读书的清净之地，这对于心智没有成熟、容易被带坏的青少年来说非常重要。我们当时有几个同学好不容易考上了北京市某所重点高中，数一数二的城市高中，但很遗憾的是，去重点高中后，他们之中许多人渐渐开始喜欢买东西、出去吃饭、去网吧和KTV，在物质上互相攀比，早恋，成绩越来越差。去了十几个人，最后只有一个人比我们这边几个留在永中读高中的人成绩好，其他人都没有我们考得好。永中一直以来艰苦朴素、先苦后甜、生活上低标准精神上高标准的风格，保护着我们，引导着我们，磨炼着我们，长大后我才明白，这是遵循着古圣先贤的教育啊。

闻道有先后，但永中的老师真心关心每个学生，打开了那些后进学生的心扉，改变了他们的人生轨迹。有许多老师，像大哥大姐一样关心着学生。刚入学高一时，我们班有个学生经常出去上网，打架，抽烟，不写作业。班主任发现后，避开其他同学，私下里找他，非常和蔼非常亲切地了解他的家庭情况，了解他的成长经历，然后真的像对待自己的孩子一样，耐心教育他，给他讲道理，给他课后补习，让他很快就感受到了温暖，感受到"这里的老师是真心关心学生的"。他后来很听张老师的话，对待学习的态度发生了180°转弯，再也没去打架，成绩进步很快。学生感觉很温暖，很敬仰老师，就能听话，学生成绩提高得快。而

好学生有这样的老师，也将如鱼得水，从优秀走向拔尖。

　　在选择高中时，我也曾想过去那所北京市重点高中，因为我的中考成绩绰绰有余，但我最后还是选择了留下。我很庆幸，如果我当时离开了这片土地，我的高中三年会是怎样的？我还能成长为今天的模样吗？有这样好的老师们吗？有这样负责的学校吗？我能抵抗住大城市的诱惑吗？这些问题我想过很多次，白天想，夜里想，和一些有孩子的家长交流时想，和教育工作者交流时也想，我想答案是我不能。我会像那十几个同学一样，结束我的高中，考入一所普通大学，然后毕业找份工作默默干下去，没有后话。

　　每个老师都把自己的心血注入在了我的灵魂里，我的身上，有我的老师留给我的知识、精神、价值观、性格，有我的母校留给我宝贵的精神财富。在走入茫茫社会奋斗的路上，在孤独的时候、困苦的时候，我便时常能感到我不是自己一个人在前进。教育是一个民族不久的将来，更是每一个具体家庭不久的将来。我的母校永中为祖国输送着的人才，延续着中华大地那种朴素的坚韧和责任感。衷心地祝福母校更加繁荣，愿老师和领导们，保重身体，工作不要太累了，太拼命了。祝福每个孩子茁壮成长，早日成为国之栋梁。

　　周敬之：2007年毕业于永乐店中学，考入北京科技大学，后就读于中国科学院热物理研究所，攻读博士后学位，曾荣获全球华语科幻星云奖金奖。

　　此文系周敬之在永中首届校园开放日上的发言稿。

我在永中的青葱岁月

我是2017年从永中毕业的，从老校区到新校区，从2012年到2017年，6年的时光弹指一挥间，直到现在我还会经常怀念那时候在永中为了梦想奋斗的日子。

说起永中，记忆的碎片纷至沓来。

虽说我是初中才正式开始在永中求学，但我对永中的记忆远比6年的时间多——因为我的父母都是永中教师。从上小学开始我就一直随着中学的作息时间生活，每天早上、中午都和父母一起迈出家门。对我来说，老校区的回忆多一些，那就先从老校区说起吧。

2012年入学，首先给我印象最深的就是漫长的军训，我还记得自己在操场上站着军姿，遥遥无期地等待着那一声结束的哨响。然后就是开学第一天发新书，我特意拿了有折角的书，当时还为自己默默的"付出"感动了一下。这一整天我都没心没肺地和小学就认识初中还在一个班的同学、初中军训认识的同学玩得很开心，然而第一天结束后，我得到了一个消息：我要当班长了。

这个消息对当时的我来说还是很爆炸的，我想过自己上初中会当宣传委员、学习委员甚至体育委员，但我从来没有想过会成为班长，更没想过这个班长一当就是六年。而从那以后的六年，我的绰号一直都只有一个——班长。我当时十分质疑自己是否能当

好，后来的我万分感谢当时的自己没有推掉这个职务，更是万分感谢我的班主任杨卫兵老师给我的机会。

说起我的初中班主任杨老师，我其实很羡慕杨老师生活的方式，羡慕他豁达乐观的心态，还有他说干就干的魄力和坚持下去的毅力。我从他身上学会了很多，受他影响养成了让我受益良多的好习惯。如果有看到这篇文章的学弟学妹们在上杨老师的课，那你们一定要好好珍惜他。他不会留很多的作业，但是会让你每周坚持记周记，会逼你去写一些随笔，会教你仿写古诗文，赶着你练字，他也会把很生涩难懂的语文知识用平易的方式讲授出来。尽管我一直是没有什么艺术细胞的理科生，但我依然热爱语文，对于中高考写作文，还有现在让写一些文章也完全不会有"犯怵"的心理，因为真的热爱，而这份热爱源于杨老师的培养。

在这里我还想说一下同为永中教师的我的妈妈——何福靖老师。作为两位数学老师的女儿，我最后中考数学的成绩实在不尽如人意，尽管如此，我还是要感谢我的父母对我的帮助，尤其是我的母亲。初中地理第一次考试，我得了47分。这是我从小学以来第一次考试不及格，也是我20年的人生所有百分制考试的最低分。我当时觉得天都要塌了，那个时候的我连考80分都要难受半天，小学的时候我喜欢把低于90分的试卷藏起来，然后伪装得很开心回家。但是那次我连伪装的心情都没有，双腿像灌了铅一样抬不起来，闷闷不乐地回到家。那天晚上妈妈和我一起重新学习了之前学过的地理知识。后来即使我还是不喜欢地理，但是我初中地理的成绩再也没掉下过85分。也许就是因此，到现在我对自己不喜欢的科目也是尽管不愿意，却能学得差强人意。

我的初中有过太多太多让我记忆深刻的人，或许是我的任课教师，或许是小时候就认识的叔叔阿姨，或许就是把我培养成人的我的母亲。可叹的是，我当时虽然是"教师子女"，又是班长，很多时候却没有做到在其位应该做的，一直是给老师惹麻烦，甚至还写过检查，现在的自己都想回去好好骂醒当时那个不懂事的自己。

接下来就是我的高中生活了。我正好处在一个新老校区更换的时期，高一就搬到新校区了。这是一个崭新的开始，这也意味着我对初中的记忆将全部尘封在那个已经蒙尘，甚至杂草丛生的老校区了。值得一提的是，我的中考第一志愿并不是永中，而是区里最好的潞河中学。满心以为自己可以考

上，奈何中考数学分数实在惨淡，才让我来了第二志愿永中。当时对我打击还是挺大的，我初中最好的两个好朋友双双考到了潞河中学，她们也是我们那届仅有的两个考到潞河中学的永中学生。为此，我消沉了一个暑假，也消失了一个暑假。那一整个暑假都没有跟她们联系，连班级的毕业狂欢和两个好朋友的毕业旅行也没有参加。

但是后来我万分地庆幸，真的是超级庆幸我来了永中。有那些因为中考失利来到永中的小伙伴们看到我这篇文章后也大可不必消沉了，永中真的是一个好地方。你不要看她高中的封闭式管理，晚自习上到10点多，就去微博啊、朋友圈啊抱怨她给你们压力大，老是觉得自己失去了

自由，失去了休息的时间。但是她能给你们的远比你们失去的多得多，千万不要被那些娱乐产品上的营销号洗脑了，要做一个能独立冷静思考的人。也不要觉得班主任任课老师管得太多，其实等上了大学才知道有人管是多么多么的幸福。

然后说说我这三年的生活吧，我是在永乐店长大的，初中认识的也基本都是当地的人，初中时候上辅导班也接触过很多县上的同龄人，那时候总感觉他们高不可攀，多说一句话都是高攀了。所以在入学军训之前，我特别害怕他们排挤我，但是在军训之后我发现自己真的想多了。而且高中嘛，也都知道学习了，大家大多是以成绩来决定要不要主动亲近你的，我这个被"流拍"的学生居然成为他们中的"大佬"，只因为我中考考了530分。

后来我的朋友也越来越多。在高中正式入学之后我又被光荣地选为班长。我脾气很好，别人的要求基本都满足，人缘也特别好。但是慢慢地问题就出现了，高中不像初中那么散漫了，有晚自习和经常性的白天自习，我作为班长也要开始看自习了。这时候冲突就尤为明显：当我看到有人不好好上自习，扰乱纪律时，我是应该告老师呢，还是应该提醒以示警告呢？

其实我不止一次被班主任告知我们班由于纪律太乱被年级主任点名批评，让我务必管好晚自习，但当时我还是自以为是地做着"好人"，直到有一天我在一位朋友那里听到了我自认为关系不错的高中同学讲我对谁都好，但是做人虚伪，我才意识到好脾气一味地打圆场和忍让并不能解决实质问题，表面的人缘好也仅仅只是表面而已。

　　从那以后我渐渐开始狠下心来，我第一次让一个晚自习讲话的同学罚站到一节自习结束，后来的事情自然而然了，我越来越严厉，人缘也没有以前那么"好"了，而我们班的自习质量却越来越高，还被特殊表扬过。

　　然后不得不说的就是我的高中班主任丁波老师了，丁老师给我的印象一直都是很严厉，非常严厉，对同学们很严厉，对我更严厉。我其实有点吃软不吃硬，所以当时也因为自己的倔脾气和丁老师有过冲突，当时也是真的不明白老师的苦心，一味地认为所有老师都对我要求太高。尽管当时对丁老师存着小小的不忿，但是还是不得不承认他严谨的治学态度和雷厉风行的行事方式真实地感染了我。当时不觉，到了大学也担任了学生干部，才发现自己思考问题的方式和丁老师很像了，如果不是当初老师给的压力我也必然不会成为后来的我。

　　还一定要提的是我高三的语文老师，王力华老师。我对语文的兴趣起源于初中的杨老师，升华于高中的王老师。王老师是一位知识特别渊博的人，上知天文下知地理，颇有几分"不食人间烟火"的意思。他喜欢在上课讲解的时候插入讲一些或是古代的轶事，或是社会上的热点问题。每次上他的语文课，我都能拓宽自己的知识面，对于一些已经发生的事和正在发生的事有自己的看法，在高三的紧张之余也能放松下来静静地听故事。

　　高中的时候，老师对我的要求都特别高，我当时也有些逆反心理。而现在我特别感激他们一直没有放弃我，还对我有特别高的期望。高中的同学呢，也并不像我想象中那么"高不可攀"，很

幸运的是，我也有了两个能一直联系，关系密切到现在的朋友。而且我也在高中并不是那么顺利的一次又一次交友以及老师的一次次言传身教中形成了自己独立的三观，尽管现在看来当时很幼稚，但是好在那时候形成的三观一直是比较正确的。现在对于大学的同班同学，并没有多自卑，相反开朗的我和那些大多有"社交恐惧症"的同学主动交往，效果惊人的好，我也形成了我自己的关系网。现在想来都是高中时那些同学和很多经历教会了我吧。

对于现在的永中呢，由于父母工作的原因，我对她的了解还是挺多的。俗话说，你刚毕业，母校就装修。此话诚不欺我，我毕业以后，游泳馆也修好了，还有健身房、茶歇室这些地方，甚至还修了滑雪场和滑冰场。我和我大学同学讲到这件事的时候，他们这些毕业于北京各大名高中的学生也纷纷表示震惊和羡慕。我也很羡慕现在的学弟学妹们，有时候会在微博上看到他们对母校要求严格的抱怨，惊觉那是在幸福中不自知的另一个自己。

在永中生活学习的这六年给了我生命中最美好的记忆。当你走出中学校园，再遇到的友情已不复当初的纯粹，课程也比当时认为最难的高中数学更加晦涩难懂，有赶不完的限期和掉不完的头发，也让我越来越觉得中学生活弥足珍贵。现在还在永中求学的学弟学妹，请务必一定努力学习，好好为自己的将来打基础，不要最后才追悔莫及。你们的学姐多想某一天再回到那难忘的永中岁月，那美好的青葱时光！

王文萱：永中2017届毕业生，现为北京工业大学计算机系大学生。